Südtirol Ost

Eisacktal – Pustertal – Dolomiten

53 Wanderungen und Bergtouren
zwischen Sterzing und Sexten,
Bozen und Bruneck

mit Pfunderer Höhenweg

Gerhard Hirtlreiter

ROTHER WANDERBUCH

Vorwort

Südtirols Osten – das sind doch die Dolomiten? Ja, aber nicht nur! Neben diesem wirklich spektakulären Felsgebirge gibt's rund ums Eisack- und Pustertal nämlich auch Landschaften mit ganz anderem Charakter: weniger schroffe, stille Wanderregionen wie die Sarntaler Alpen oder die Pfunderer Berge, ebenso wie die vergletscherten Hochgebirgsregionen der südlichen Stubaier und Zillertaler Alpen sowie der Rieserfernergruppe. Zwischen den eisigen Dreieinhalbtausendern am Zillertaler Hauptkamm und den Weinbergen um Brixen sind es nur wenige Kilometer Luftlinie. So kann man arktische und mediterran angehauchte Klimaverhältnisse an einem Tag erleben.

Je nach Wetter und Konstitution, Lust und Laune sind manchmal lange oder kurze Touren, leichte Wanderungen oder knackige Bergtouren gefragt. Auch ein engagierter Bergsteiger ist manchmal froh um eine kurze Wanderung – sei es, weil er ein halbtägiges Schönwetterfenster nutzen oder einfach nur mal richtig ausschlafen will. Andererseits werden Wanderer, die zunächst kaum alpine Ambitionen haben, sich mit der Zeit steigern wollen – zumal in Südtirol richtig hohe Gipfel in der Welt des ewigen Schnees locken, die man auch ohne Gletscherausrüstung besteigen kann. Daher decken die ausgewählten Touren das ganze Spektrum dessen ab, was man mit dem Begriff »Wandern« umschreiben kann: von genussvollen Promenaden auf gepflegten Spazierwegen bis zu Hochgebirgstouren für erfahrene Alpin-Wanderer. Trotz der großen Spannweite, der Großteil der hier vorgestellten Unternehmungen wendet sich an ganz normale Bergwanderer. Die Mehrzahl der vorgestellten Ziele sind rundum attraktive »Idealtouren«. Darüber hinaus sind aber auch einige Touren beschrieben, die vielleicht nicht jedermanns Geschmack sind, weil sie zum Beispiel keinen prominenten Gipfel bieten – doch so ein vermeintliches Manko bedeutet meist geringeren Andrang, was Freunde einsamer Touren wiederum erfreuen wird. Die meisten »schwarzen« Touren eignen sich bei Beschränkung auf talnahe Etappen auch für gemäßigte Wanderer.

Die Wegbeschreibungen sind so ausführlich wie nötig und so knapp wie möglich. Komplizierte, schlecht markierte Streckenverläufe werden also detaillierter beschrieben, während bei verlässlich beschilderten, einfachen und logischen Wegführungen auch für längere Strecken auf entbehrliche Textbegleitung verzichtet wird – man will unterwegs ja schließlich mehr in die Landschaft schauen als in den Text.

Dass Bergwandern auch mit Gefahren verbunden sein kann, ist bekannt. Daher schadet es nicht, sich unterwegs immer wieder mit Wetter, Gelände, Wegzustand und eigener Verfassung zu beschäftigen. Dies ist passionierten Bergwanderern in der Regel keine Last, es gibt vielmehr das gute Gefühl, Teil der Natur zu sein. Solches Empfinden stärkt wohl bei den meisten Menschen den Respekt vor der Großartigkeit der Natur – und damit auch das Bewusstsein für die Bedeutung umweltschonenden Verhaltens.

Viel Freude mit diesem, nun in überarbeiteter 4. Auflage erschienenen Büchlein und erlebnisreiche Wanderungen im wohl schönsten Land der Alpen wünscht Ihnen

Gerhard Hirtlreiter

Inhalt

Vorwort	2
Allgemeine Hinweise	6
Land und Leute	12
Touristische Infos	17
Literatur und Karten	19

▶ **1 Sieben-Seen-Runde, Egetjoch, 2695 m**
Über Grohmannhütte und Poschhaus — 20

▶ **2 Aglsspitze, Nordgipfel, ca. 3180 m**
Über die Teplitzer Hütte und den Pfurnsee — 24

▶ **3 Weißwandspitze, 3016 m**
Von der »Hölle« über die Magdeburger Hütte — 28

▶ **4 Gschnitzer Tribulaun, 2946 m**
Über das Sandesjöchl und die Schneetalscharte — 31

▶ **5 Gilfenklamm, Ruine Reifenegg, 1160 m**
Rundtour über die Ruine Reifenegg — 34

▶ **6 Weißspitze, 2714 m**
Von der Riedbergalm und den Westrücken — 36

▶ **7 Höllenkragen, 2387 m**
Schattiger Anstieg aus dem Pfitschtal — 38

▶ **8 Sengesspitze, 2368 m**
Aus dem Sengestal über die Simile-Mahd-Alm — 40

▶ **9 Wilde Kreuzspitze, 3132 m**
Von der Fanealm über den Wilden See — 42

▶ **10 Napfspitze, 2888 m**
Aus dem Pfunderer Tal über die Edelrauthütte — 45

▶ **11 Hochfeiler, 3509 m**
Über die Hochfeilerhütte und den Südgrat — 48

▶ **12 Neveser Höhenweg, bis 2670 m**
An der Sonnenseite des Zillertaler Hauptkamms — 52

▶ **13 Großer Möseler, 3480 m**
Südanstieg von der Chemnitzer Hütte — 54

▶ **14 Hochgrubbachspitze, 2809 m**
Über die Tiefrastenhütte und den Ostgrat — 57

▶ **15 Eidechsspitze, 2738 m**
Von Terenten über die Kompfoss-Seen — 60

▶ **16 Erdpyramiden, Astnerbergalm, 1622 m**
Auf Mühlen- und Panoramaweg zum Winnebach — 62

▶ 17	**Putzenhöhe, 2438 m** Über den Hohen Spitz und den Zwölferspitz	65
▶ 18	**Sambock, 2396 m** Vom Kofl über die »Platten« und den Südrücken	68
▶ 19	**Reinbachfälle, Toblburg-Ruine, 1172 m** Franziskusweg von Bad Winkel über den Toblhof	70
▶ 20	**Großer Moosstock, 3059 m** Von Ahornach über den Südwestgrat	72
▶ 21	**Waldner See, 2332 m** Über den Archbichl-Rücken zur Marchsteinalm	75
▶ 22	**Rauchkofel, 3251 m** Von Prettau über den Südgrat	78
▶ 23	**Lausitzer Höhenweg, Birnlücke, 2667 m** Über Trinkstein und die Birnlückenhütte	81
▶ 24	**Lenkstein, 3236 m** Durchs Ursprungtal zu Südtirols Ostgrenze	84
▶ 25	**Arthur-Hartdegen-Weg, bis 2380 m** Über die Kasseler Hütte und die Ursprungalm	88
▶ 26	**Fernerköpfl, 3241 m** Durchs Gelttal und über die Rieserfernerhütte	92
▶ 27	**Rammelstein, 2483 m** Über die Gönner Alm und den Hochnall	96
▶ 28	**Fenner Eck, 3123 m** Über Riepenscharte und Roßhornscharte	99
▶ 29	**Rote Wand, 2818 m** Vom Antholzer See über die Steinzger Almen	103
▶ 30	**Hochkreuzspitze, Riepenspitze, 2774 m** Über die Uwaldalm und die Gsieser Lenken	106
▶ 31	**Toblacher Pfannhorn, 2663 m** Von Kandellen übers Pfanntörl	110
▶ 32	**Hornischegg, 2550 m** Karnischer Höhenweg über den Helm	112
▶ 33	**Rund um die Drei Zinnen, bis 2454 m** Vom Fischleintal über Mezzo- und Paternsattel	116
▶ 34	**Dürrenstein, 2839 m** Von der Plätzwiese über den Südwesthang	120
▶ 35	**Großer Roßkopf, 2559 m** Rundtour mit Abstecher auf den Herrstein	122

▶ 36 Zum Limosee übers Limojoch, 2174 m
       Vom Rautal über Fanes- und Lavarellahütte   126

▶ 37 Piz da Peres, 2507 m
       Mit Abstecher zur Dreifingerspitze   128

▶ 38 Maurerberg (Munt de Mür), 2332 m
       Vom Heiligen Wasser über die Maurerberghütte   131

▶ 39 Astjoch, 2194 m
       Von Zumis über die Rodenecker / Lüsner Alm   134

▶ 40 Grödner Poststeig, Unterpulghütte, 1560 m
       Von Lajen über St. Peter zum Pedrutscher   137

▶ 41 Puezkofel, 2725 m
       Durchs Langental über die Puezhütte   141

▶ 42 Große Tschierspitze (Gran Cir), 2592 m
       Vom Grödner Joch über die Südwestflanke   144

▶ 43 Pisciadùspitze (Cima Pisciadù), 2985 m
       Durchs Val Setus und das Val de Mesdi   146

▶ 44 Langkofelrunde – Demetz-Hütte, 2681 m
       Vom Sellajochhaus über die Langkofelscharte   149

▶ 45 Puflatsch, 2174 m
       Von Compatsch über die Arnikahütte   152

▶ 46 Seiser Alm, Spitzbühel, 1957 m
       Über die Saltnerhütte zum Geologensteig   155

▶ 47 Schlern – Petz, 2564 m
       Über Schäufelesteig und Prügelsteig   158

▶ 48 Rittner Erdpyramiden – Bad Sieß, 1434 m
       Rundtour übers Bauernbad'l und Klobenstein   162

▶ 49 Kassianspitze, 2581 m
       Über Klausner Hütte und Latzfonser-Kreuz-Hütte   165

▶ 50 Königsangerspitze, 2436 m
       Vom Perlunger Hof über die Radlseehütte   168

▶ 51 Tagewaldhorn, 2708 m
       Aus dem Eisacktal durchs Flaggertal   170

▶ 52 Tatschspitz(e), 2526 m
       Vom Penser Joch über die Westflanke   174

▶ 53 Pfunderer Höhenweg, bis 3132 m
       Von Sterzing nach Bruneck   176

       Stichwortverzeichnis   188
       Impressum   192

Allgemeine Hinweise

Tourenauswahl und -planung
Alle in diesem Buch vorgestellten Touren sind auf ihre jeweils eigene Art attraktiv – allerdings nicht für jeden und nicht unter allen Umständen. Um den Reiz einer Tour genießen zu können, ist die Wahl der gerade »richtigen« Tour wichtig: eine Tour, die passt – zu einem selbst und den Tourenpartnern (Erfahrung, Kondition, Können), zur Jahres- und Tageszeit (Exposition zur Sonne?), zum Wetter (Gewittergefahr am Nachmittag? Abbruchmöglichkeiten?) und zu den aktuellen Wegverhältnissen (Nässe, Altschnee, Eis?). Wichtige Kriterien zur Tourenauswahl sind in der vorderen Buchklappe tabellarisch zusammengefasst; so kann man die Eigenschaften der Touren auf einen Blick erfassen und besonders leicht eine passende Tour auswählen. Auf der Innenseite der hinteren Umschlagseite zeigt eine Übersichtskarte die Lage der 53 Touren und erleichtert die Orientierung bei der Anreise.

Das ideale Werkzeug zur Tourenplanung ist die KURZINFO.

KURZINFO
Das ist der »Steckbrief« mit wichtigen Informationen zur Tour. Dazu einige Erläuterungen:

▶ **Symbole** (erklärt auf der vorderen Buchklappe) geben einige Kriterien zur Tourenauswahl. Familienfreundlichkeit und Wintertauglichkeit sind naturgemäß stark von den jeweiligen Voraussetzungen abhängig und können daher nur als grober Anhaltspunkt gesehen werden. Als familienfreundlich ist eine Tour eingestuft, wenn die Wege für Kinder nicht zu gefährlich sind, aber trotzdem ein gewisses Maß an Abwechslung bieten bzw. an Orten vorbeiführen, die für Kinder interessant sind (Spielmöglichkeiten in freier Natur, Spielplatz, Wildbach, Wasserfall, Alm mit Tieren).

▶ **Talort:** Nächstgelegener Ort mit Höhe und ggf. Angaben zur Erreichbarkeit, auch mit Bahn oder Bus.

▶ **Ausgangspunkt:** Der Ort mit Höhenangabe, ab dem man zu Fuß geht; ggf. mit Beschreibung der Zufahrt und der Parkmöglichkeiten.

▶ **Gehzeit:** Reine Gehzeit für die gesamte Tour, bei Bergtouren also für Auf- und Abstieg. Für Pausen sowie für einen Sicherheitspuffer ist zusätzliche Zeit einzuplanen. Die Zeiten sind gut zu schaffen, wenn man regelmäßig ähnliche Touren im Gebirge unternimmt oder mit mäßiger Intensität einen Ausdauersport be-

Für Kinder geeignet: Schmale aber gefahrlose Wege, an denen es Interessantes zu sehen gibt – hier Blumen in der Wiese unter Bad Sieß.

treibt. Je nach Trainingszustand, Tagesform, Alter, Wetter- und Geländebedingungen und (nicht zu unterschätzen!) Gruppengröße kann die reale Tourendauer deutlich von der angegebenen Gehzeit abweichen. Die Dauer von Seilbahnfahrten ist bei der Zeitangabe nicht berücksichtigt.

▶ **Höhenunterschied:** Bei Touren ohne jegliche Zwischenab-/aufstiege ist der Wert identisch mit der Höhendifferenz zwischen Ausgangspunkt und höchstem Punkt. Oft sind die Routen aber mit Zwischenauf-/abstiegen »garniert« – dann übersteigt der angegebene akkumulierte Höhenunterschied die reine Höhendifferenz mehr oder minder deutlich.

▶ **Anforderungen:** Voraussetzungen, die man für eine Tour mitbringen sollte. Für die Bewertung der Gesamtschwierigkeit kann naturgemäß nur berücksichtigt werden, was weitgehend unveränderlich ist: das Gelände, die Höhenlage, die Art, Qualität und ggf. die Ausgesetztheit des Weges bzw. Steiges. Bei schlechtem Wetter und/oder problematischem Wegzustand können die Schwierigkeiten höher ausfallen, bei großer Hitze auch die konditionellen Anforderungen.

Die Summe der Anforderungen, die eine Tour bei normalen Wetterbedingungen und intaktem Weg stellt, drückt sich in der **Farbe der Tourennummer** aus. Die Einstufung bezieht sich auf die vollständige Tour. Bei der Suche nach einer passenden Unternehmung sollte man sich nicht zu sehr von der Farbe leiten lassen, da die talnahen **Teiletappen (z. B. bis zur Hütte) meist leichter** sind; umgekehrt bieten manche leichtere Touren auch anspruchsvollere Varianten.

Drei Anforderungsniveaus werden unterschieden:
▶ **Leicht**
Wanderungen und leichte Bergwanderungen auf markierten, normalerweise unproblematischen Wegen. Passagen in abschüssigem Gelände gibt es selten – und wenn, dann mit Geländer gesichert. Etwas Trittsicherheit schadet nicht, wenn Steine und Wurzeln feucht sind.

▶ **Mittel**
Bergwanderungen und Bergtouren auf Wegen, Steigen und Pfaden, die oft Trittsicherheit erfordern, manchmal auch etwas Schwindelfreiheit. Der Gebrauch der Hände kann stellenweise nötig sein (auch an gesicherten Stellen), Klettern im eigentlichen Sinn muss man aber nicht. Orientierungssinn kann hilfreich sein, weil nicht markierte, ausnahmsweise auch weglose Streckenabschnitte vorkommen können. Das Gelände ist alpin, sodass sich die Schwierigkeiten schon nennenswert erhöhen können, wenn Nebel, Nässe, Schnee, Vereisung oder (z. B. nach einem Starkregen) eine Wegunterbrechung auftritt.

▶ **Schwierig**
Anspruchsvollere Bergtouren in oft hochalpinem Gelände, das streckenweise weglos und unmarkiert sein kann. Auf den hohen Zielen dieser Kategorie kann in manchen Jahren dauerhaft Schnee bzw. Firn liegen, der in gefrorenem Zustand (vormittags, an schattigen Hängen auch ganztags) den gekonnten Einsatz von Stöcken und Steigeisen (oder Grödel) erforderlich macht. Im Felsgelände sind leichte Kletterstellen (im Schwierigkeitsgrad I, vereinzelt auch II) möglich. Neben Trittsicherheit, Schwindelfreiheit und gutem Orientierungssinn ist alpine Erfahrung gefordert.

▶ Einkehr/Übernachtung: Hütten, Almen, Jausenstationen, Gaststätten, die am Weg liegen (ggf. auch an attraktiven bzw. hoch gelegenen Ausgangspunkten). Die Öffnungszeiten sind nicht angegeben, da sie sich – insbesondere in den Übergangsjahreszeiten – oft nicht nach fixen Tagen, sondern nach der Wetter-/Schneesituation und bei kleineren Almen manchmal auch danach richten, wie viele Wanderer zu erwarten sind. Dafür wird bei Hütten, die für eine Übernachtung auf einer Tour in Frage kommen, die Telefonnummer angegeben, unter der man sich informieren und ggf. anmelden kann. Hütten der alpinen Vereine (mit Vergünstigungen auch für DAV- und ÖAV-Mitglieder) sind mit AVS für »Alpenverein Südtirol« und mit CAI für »Club Alpino Italiano« gekennzeichnet.
▶ Varianten: Kurze Hinweise auf alternative bzw. abweichende Tourenmöglichkeiten im Umfeld der beschriebenen Tour. Das Anspruchsniveau der Varianten kann von der Haupttour abweichen.
▶ Karte(n): Nennung der passenden Wanderkarten von Freytag & Berndt im Maßstab 1:50.000 sowie der genaueren 25.000er-Karten von Tabacco und – soweit verfügbar – des Alpenvereins.

Tourenvorbereitung

Vor jeder Tour sollte man einen aktuellen Wetterbericht für die Region einholen, um unterwegs die Wetterzeichen treffend interpretieren zu können. Tourenroute und -ziel sollte man bei Daheimgebliebenen hinterlassen – und diese informieren, falls man umdisponiert oder länger ausbleibt (um unnötige Suchaktionen zu vermeiden).
Mit kohlenhydratreicher Kost (Nudeln, Kartoffeln, Pizza) am Vorabend und einem leichten Frühstück mit viel Flüssigkeit (also nicht Kaffee allein) am Morgen ist man gut gerüstet.

Umweltverträgliches und rücksichtsvolles Verhalten

▶ Soweit möglich öffentliche Verkehrsmittel nutzen.
▶ Mehrtägige Aufenthalte vor Ort statt vieler Tagestouren mit langer Anreise (erspart Anfahrtskilometer).
▶ Bei Anreise mit dem Auto möglichst ausgewiesene Parkplätze benutzen; wo solche nicht vorhanden sind, darauf achten, dass keine Zufahrten verstellt und keine Weiden oder Mähwiesen befahren werden.
▶ Fahrverbote auf Wirtschaftswegen und privaten Zufahrten beachten.
▶ Ruhezonen und Schutzgebiete respektieren, dem Wild ausweichen und nur aus Distanz beobachten.
▶ Unnötigen Lärm vermeiden.
▶ Waldgebiete nur auf Wegen oder Forststraßen durchqueren.
▶ Verpackungsmüll nicht den Hüttenwirten »überlassen«, sondern im Tal geordnet entsorgen.
▶ Im Steilgelände keine Steine lostreten.

Gefahren

Das Gebirge birgt vielfältige Gefahren, an die unbedarfte Flachlandbewohner oft gar nicht denken. Nur mit solider Fähigkeit zur Selbsteinschätzung und vertiefter Beschäftigung mit den Naturelementen (Wetterentwicklung, Topographie, Gesteinsstabilität, Schnee, Eis) bekommt man ein Gespür für Gefahren. Wer Gefahren erkennt, mit denen er nicht mehr verantwortungsvoll umgehen kann, muss umkehren können (für viele das Schwierigste).

Auch an sich problemlose Bergwanderpfade – hier rechts im Bild der Hüttenweg der Hochfeilerhütte (Tour 11) – können durch ein Gelände führen, in dem man nicht stolpern sollte.

▶ Die offensichtlichste Gefahr ist die Abrutsch-/Absturzgefahr. Um nicht an der falschen Stelle zu stolpern, ohne Hektik gehen! Mit Kindern oder bei Neigung zu Höhenschwindel muss man auch bei einigen ansonsten leichten Wegen die Abrutschgefahr im Steilgelände ernst nehmen.

▶ Die meistunterschätzte Gefahr geht von gefrorenen Schneefeldern aus. Sie bilden die häufigste Ursache für tödliche Wanderunfälle. Schon bei relativ geringer Hangneigung droht enorme Beschleunigung. Bei einem Ausrutscher sofort ein Bein in die Luft schleudern und mit dem damit erzielten Schwung in die bremsende Liegestützhaltung!

▶ Steile und nasse Grashänge sind ähnlich gefährlich!

▶ Die Steinschlaggefahr kann man minimieren, indem man unter Felswänden nicht unnötig verweilt und gefährliche Zonen nach Regen oder bei Tauwetter ganz meidet.

▶ Verirren kann man sich leichter, als viele glauben! Markierungen und Wegspuren immer im Auge behalten. Wenn man den Weg verloren hat, gleich zum letzten bekannten Punkt zurückgehen. Gefährlich wird es, wenn Pfadspuren und Markierungen durch Neuschnee verdeckt sind und man wegen Nebels oder Schneetreiben das Gelände nicht mehr überblicken kann.

▶ Gewitter sind nicht nur wegen möglicher Blitzschläge gefährlich, sondern auch wegen Steinschlag und Murabgängen in Folge von Starkregen. Durch gute Zeitplanung und Wetterbeobachtung sollte man versuchen, vor einem Gewitter im Tal oder in der Hütte zu sein.

▶ Giftschlangen sind zwar für Erwachsene weniger gefährlich, als oft angenommen (ruhiges Verhalten nach einem Biss vorausgesetzt). Trotzdem sollte man beim Wandern schauen, wohin man tritt. Bevor man sich hinsetzt, auf den Boden stampfen, um den Tieren eine Fluchtmöglichkeit zu geben.
▶ Erschöpfungszustände vermeiden! Dazu die Tour gemütlich angehen lassen, sich und andere nicht überfordern und viel trinken – am besten mineralreiche Getränke (z. B. Mineralwasser mit Apfelsaft), bei kühler Witterung warmen Tee! Bei der Einkehr ist die fast überall erhältliche Minestrone (Gemüsesuppe) eine ideale Flüssigkeits- und Elektrolytquelle.

Ausrüstung

Die Zeiten sind vorbei, als man grundsätzlich mit schweren Bergstiefeln und einer dicken Bundhose loszog, um als richtig ausgerüsteter Wanderer zu gelten. Mit Trekkingschuhen der mittleren Kategorie ist man auf den meisten »roten« Touren gut gerüstet. Für »blaue« Touren reichen sogar Leichttrekking- bzw. Hikingschuhe oder gut profilierte Trailrunner (Geländelaufschuhe), die sich hinsichtlich Bequemlichkeit und Aussehen kaum mehr von den viel gescholtenen »Turnschuhen« unterscheiden. Für die Bergtouren der schwarzen Kategorie braucht man allerdings sehr wohl richtige Bergschuhe oder ausgesprochen stabile Trekkingschuhe, allein schon, um Steigeisen oder Grödel anmontieren zu können, falls mal ein hartes, abschüssiges Schneefeld zu überqueren ist.

Als Mindestausstattung sollte man grundsätzlich dabei haben:
▶ Nässeschutz: (»... -TEX«-Material)
▶ Kälteschutz (Fleecejacke, Mütze)
▶ Sonnenschutz (Brille, Kappe/Hut)
▶ Sonnencreme
▶ Lippenschutzcreme
▶ 1 lange Berghose (+1 kurze Hose)
▶ Ersatz-Funktionsunterwäsche
▶ verschließbare, gefüllte Trinkflasche
▶ Verpflegung (Müsliriegel, Brot)
▶ Alu-Rettungsdecke
▶ kleine Rucksackapotheke
▶ multifunktionales Taschenmesser
▶ (Mini-) Taschenlampe
▶ Trillerpfeife
▶ aufgeladenes Mobiltelefon

Für längere Touren ist natürlich ein erweiterter Rucksackinhalt gefragt, u. a. mit komplexen Kohlenhydraten, z. B. in Form von Brot. Auf mehrtägigen Touren sollte man einen leichten Hüttenschlafsack mitnehmen. Bei nennenswerten Höhenunterschieden erleichtern Teleskopstöcke das Gehen, nicht nur bergab, sondern auch bergauf und auf Schneefeldern (aber nur mit Tellern!). Wo gefrorene Schneefelder zu erwarten sind, sollte man Grödel mitnehmen, bei einigen der Dreitausendertouren können auch Steigeisen und Pickel hilfreich sein. An ausgesetzten Abschnittten kann zur Sicherung von Kindern die Verwendung eines Seils sinnvoll sein (situationsgemäße Anwendung vorausgesetzt).

Notfall/Bergrettung

Wenn trotz aller Vorsicht etwas passiert ist: Ruhig und überlegt handeln!
▶ Sollten Sie alleine sein, versuchen Sie Hilfe herbeizurufen, anstatt sich verletzt weiterzubewegen.
▶ Leisten Sie Hilfe nach eigenem Können und Ihren Möglichkeiten! Sorgen Sie vor allem für Kälteschutz (Alu-Rettungsdecke)!
▶ Dem Verletzten gut zusprechen, möglichst nicht allein lassen.

▶ Alarmieren sie den Bergrettungsdienst oder beauftragen Sie Hinzukommende damit.

Notruf-Nummern:
▶ Für alle Notfälle, auch für Bergrettung: Notruf 112 (statt PIN-Code eingeben, dann sucht sich das Handy automatisch das stärkste Netz).
▶ Abschleppservice ACI: 116
Melden Sie den Vorfall nach folgenden »W's«:
▶ **Wer** meldet? Angabe des eigenen Namens mit (Mobil-) Telefon-Nr.
▶ **Was** geschah? Beschreibung des Unfalls.
▶ **Wo** geschah es? Präzise Angabe des Unfallortes (nach Karte/GPS).
▶ **Wie** viele Verletzte?
▶ **Welche** Verletzungen? Lebensbedrohliche Zustände?
Bei Hubschrauberbergung zusätzlich:
▶ **Wie** sind die Wetterverhältnisse (Sicht und Wind) am Unfallort?
▶ **Wo** ist ein guter Landeplatz für den Hubschrauber (25 x 25 m)?
Besteht keine Möglichkeit für eine Funk-/Telefonverbindung, verwenden Sie das Alpine Notsignal, um auf sich aufmerksam zu machen. Es besteht aus einem hör- oder sichtbaren Zeichen – z. B. Rufen, (Triller-) Pfeifen, Blinken –, das innerhalb einer Minute sechsmal abgegeben wird. Ggf. nach ca. einer Minute Pause wiederholen. Erhalten Sie darauf ein dreimaliges Zeichen innerhalb einer Minute, ist Ihr Notruf angekommen und die Bergrettung ist/wird verständigt.

Wenn mit Hubschrauber-Hilfe zu rechnen ist, keine losen Gegenstände herumliegen lassen. Zur Kommunikation mit dem Piloten gelten folgende Zeichen:
▶ **No – N** (Diagonale mit einem Arm schräg hoch und einem schräg nach unten): **Nein**, keine Hilfe nötig.
▶ **Yes – Y** (beide Arme schräg in die Höhe): **1) Ja**, wir brauchen Hilfe; **2) Einweisung**, nur durch eine Person (dient als Referenzpunkt für den Piloten!), die mit dem Rücken gegen den Wind hinter dem Landeplatz steht; Augenkontakt mit dem Piloten halten!
▶ Annäherung an den Hubschrauber erst nach entsprechendem Zeichen des Piloten und nur von vorne in gebückter Haltung, niemals von der Bergseite her!

Weitere Infos:
Bergrettungsdienst im Alpenverein Südtirol, Landesverband, Brauereistraße 18, 39010 Vilpian, www.bergrettung.it, Tel. +39 0471 675000.

GPS-Daten

Zu allen Touren dieses Wanderbuchs stehen auf der Internetseite des Bergverlag Rother (www.rother.de) GPS-Daten zum kostenlosen Download bereit. Für den Download benötigen Sie die folgenden Zugangsdaten: Benutzername: **gast** / Passwort: **wbStiro04gh19a**
Verlag und Autor haben die Tracks und Wegpunkte überprüft. Dennoch sind Fehler oder Abweichungen nicht auszuschließen. Außerdem können sich die Gegebenheiten vor Ort zwischenzeitlich verändert haben (z. B. durch Naturereignisse oder anderweitig bedingte Wegverlegungen. GPS-Daten sind eine hervorragende Planungs- und Navigationshilfe, erfordern aber nach wie vor sorgfältige Vorbereitung, eigene Orientierungsfähigkeit sowie Sachverstand bei der Beurteilung der jeweiligen (Gelände-) Situation. Man sollte sich für die Orientierung auch niemals ausschließlich auf GPS-Gerät und -Daten verlassen.

Land und Leute

Das Land

Südtirol firmiert politisch als »Autonome Provinz Bozen« und bildet zusammen mit dem Trentino die »Autonome Region Trentino – Alto Adige / Südtirol« der Republik Italien. Das vorgestellte Wandergebiet umfasst die Bezirksgemeinschaften Wipptal, Eisacktal, Pustertal und Salten-Schlern – also das Einzugsgebiet der Flüsse Eisack und Rienz sowie das Quellgebiet der nach Osttirol abfließenden Drau. Mit dabei sind die Gebirgsregionen um die Nebentäler Ridnaun, Pfitsch, Valser Tal, Pfunderer Tal, Tauferer Ahrntal, Mühlwalder Tal, Reintal, Antholz, Gsies, Sextental, Pragser Tal, Gadertal, Lüsener Tal und Grödnertal.

Die Geschichte

Bald nach dem Abschmelzen der großen eiszeitlichen Gletscher wurde das Land besiedelt (älteste Funde aus dem 7. Jahrtausend v. Chr.). Kurz vor der Zeitenwende erlangten die Römer die Macht über die ansässigen Räter. Nach dem Ende des Römischen Reiches siedelten sich Ostgoten, Langobarden und im Pustertal auch Slawen an; ab dem 7. Jh. wanderten v. a. Bajuwaren ein, deren Sprache sich im Lauf der Zeit weitgehend durchsetzte. Lange gehörte das Gebiet zum Frankenreich und zum Herzogtum Bayern. Im 12. Jh. entstand die Grafschaft Tirol, die 1363 durch Margarethe von Tirol (»die Maultasch«) an die Habsburger ging.

Den Angriffen der napoleonischen Truppen erwehrte sich Tirol mit großem Einsatz, zuletzt unter Führung des Passeiers Andreas Hofer – heute die Symbolfigur für den Tiroler Freiheitswillen.

Nach dem Ersten Weltkrieg wurde Südtirol 1919 Italien zugesprochen. Nachdem 1922 in Rom die Faschisten an die Macht gekommen waren, begann eine harte Zeit, in der z. B. in den Schulen der Gebrauch der angestammten deutschen Sprache verboten war. 1939 mussten sich die Bewohner entscheiden (»optieren«), ob sie Italiener werden oder als Deutsche »ins Reich« umgesiedelt werden wollten. Zur Realisierung der Umsiedlungen kam es nur noch teilweise. Nach dem Krieg bekamen die Südtiroler in den Pariser Verträgen wieder Selbstbestimmungsrechte zugestanden, die von Rom allerdings teilweise umgangen wurden.

Am Weg zwischen Grödner Joch und Val Setus (Tour 43). Blick nach Westen über einen großen Teil Südtirols. Von links: Schlern mit Santner- und Euringerspitze, Cevedale, Eggenspitzen, Königspitze und Zufrittspitze.

Bergbauernhof über dem Ahrntal. Im Hintergrund der Zillertaler Hauptkamm.

In der Folge kam es zu Protesten, in den 50er- und 60er-Jahren auch zu Sprengstoffanschlägen (v. a. auf Strommasten und Symbole des Faschismus), aber auch zu Übergriffen italienischer Sicherheitskräfte. Nach langen Verhandlungen unter Mitwirkung Österreichs trat 1972 schließlich ein Autonomiestatut – das »Südtirol-Paket« – in Kraft, das heute in vieler Hinsicht als vorbildlich gilt.

Die Bevölkerung

Die 530.000 Einwohner Südtirols setzen sich aus drei Sprachgruppen zusammen: der deutschen (62,3%), italienischen (23,4%) ladinischen (4,1%) und anderen (10,3). Die deutsche Sprachgruppe spricht eine Tiroler Mundart, die regional variiert. Die italienische Sprachgruppe, die v. a. auf Ansiedlungsmaßnahmen im 20. Jh. zurückgeht, konzentriert sich insbesondere auf Bozen. Dort, in der Hauptstadt, bilden sie die Mehrheit. Bei den Ladinern ist noch eine sehr alte rätoromanische Sprache lebendig. Sie ist im Grödner- und im Gadertal beheimatet und wird dort mit regionalen Unterschieden im Alltag wie auch in der Schule gesprochen.

Die Landschaft

Es ist kaum möglich, einen typischen Landschaftscharakter für Südtirol auszumachen. Die Landschaften sind einfach zu verschieden, aber genau das macht ja – unter anderem – den Reiz Südtirols aus. Da sind die Hochgebirgsregionen der Dolomiten, der südlichen Stubaier und Zillertaler Alpen sowie der Rieserfernergruppe. Im starken Kontrast dazu breiten sich bei Bozen liebliche, mediterran anmutende Landschaften aus, in denen auch Wein und Obst gedeihen. Ebenso reizvolle Mittelgebirgslandschaften trifft man ein Stockwerk höher auf beiden Seiten des Eisacktals, so z. B. auf dem Ritten und der Seiser Alm.

In den Pfunderer Bergen nahe der Brixner Hütte: roter und gelber Mohn sowie Stengelloses Leimkraut.

Die Geologie

Der Bergsteiger und Geologe Otto Ampferer brachte es auf den Punkt: »Wir haben die Gebirge heute als etwas Starres vor uns liegen, starr wohl nur im Rahmen unserer eigenen Vergänglichkeit, und doch hält deren Struktur hin und hin unzweideutig die Spuren lebendiger Bewegtheit aufbewahrt.« Diese Erkenntnis erleichtert es auch Laien, im Buch der Landschaft zu lesen.

Die Alpen verdanken ihre Existenz der Kollision der Europäischen Kontinentalplatte mit der Afrikanischen Platte und ihrem »Rammsporn«, der Adriatischen Platte – ein Vorgang, der vor rund 100 Millionen Jahren einsetzte und bis heute nicht wirklich abgeschlossen ist. Durch die Raumverengung wurden die Gesteinspakete verschoben, gefaltet oder als »tektonische Decken« von ihrem ursprünglichen Untergrund abgeschert und über andere Decken geschoben. Manche Gesteinspakete wurden auch in die Tiefe gedrückt und aufgeschmolzen (heute als Granit sichtbar im so genannten »Tauernfenster« am Zillertaler Hauptkamm) oder metamorphisiert – also durch Druck und hohe Temperaturen verändert. Solche Metamorphite, v. a. Gneise und Glimmerschiefer (beide mit parallel eingeregelten Minerallagen) prägen große Teile des Südtiroler Ostens. Ein besonders edles unter den metamorphisierten Gesteinen ist der aus Kalk hervorgegangene Marmor, der im »Schneeberger Zug« der südlichen Stubaier Alpen vorkommt. In der Gegend um die Hauptstadt erstreckt sich mit dem 250 Millionen Jahre alten, rötlichen Bozner Quarzporphyr die größte vulkanische Gesteinsmasse des europäischen Festlandes. Die markantesten Landschaftsformen bilden die Gesteine der Dolomiten: neben Kalk natürlich Dolomit. Von diesem, erstmals an den Tribulaunen entdeckten Calcium-Magnesium-Carbonat bekamen die ehemaligen »Bleichen Berge« ihren klingenden Namen.

Gletscher und Klima

Die Ausgestaltung der Landschaft übernahmen v. a. die Gletscher: Während der Eiszeitphasen flossen riesige Eisströme durch Eisack- und Pustertal. Letztmals war das in der Würmeiszeit vor rund 18.000 Jahren der Fall. Vor 10.000 Jahren begann mit der Nacheiszeit eine Phase mit geringen Klimaveränderungen (±1°), in der sich die Menschheit so richtig entwickeln konnte. Mehrere kalte und niederschlagsreiche Phasen der Nacheiszeit bewirkten Gletschervorstöße, die immer wieder Dimensionen wie zuletzt um 1850 erreichten. Dabei wurden die mächtigen Moränenwälle abgelagert, die man jetzt – mit noch kaum bewachsenen Innenseiten – oft kilometerweit vor den Gletscherzungen findet, besonders eindrucksvoll z. B. vor dem Gliderferner unter dem Hochfeiler (Tour 11). In den letzten 5000 Jahren hatten die Gletscher offenbar durchgehend bessere (also kühlere) Bedingungen als heutzutage. So lag die Gletschermumie »Ötzi« 5300 Jahre lang ortsfest in einer Felsrinne immer von Eis bedeckt (und somit konserviert), bevor 1991 erstmals das Eis über ihm abschmolz. Und seit 1991 ist es weiter wärmer geworden. In den letzten Jahren hatten die meisten Südtiroler Gletscher am Ende des Sommers praktisch keine Schneerücklagen mehr aus dem Winter. Ohne diese können sie nicht dauerhaft existieren. Viele Gletscher im Gebiet sind derzeit dabei, ganz abzuschmelzen. Wo das Eis verschwunden ist, fehlt das für die Bewässerung so wichtige sommerliche Gletscherschmelzwasser. Weil das Land so »geschützt« inmitten der Alpen, also eigentlich immer im Lee (Regenschatten) liegt, egal woher die niederschlagsbringenden Fronten kommen, ist es für alpine Verhältnisse relativ trocken: Der mittlere Jahresniederschlag beträgt z. B. in Toblach rund 730 mm/Jahr, in Brixen sind es gar nur etwa 650 mm/Jahr, (zum Vergleich: Oberstdorf 1800 mm).

Natur und Schutzgebiete

Die Pflanzen- und Tierwelt ist wegen der verschiedenartigen Lebensbedingungen ungewöhnlich vielfältig. Dagegen konzentriert sich die allgemeine Aufmerksamkeit oft auf wenige Arten – so bei den Pflanzen das Edelweiß (von dem es z. B. in der Puezgruppe größere Vorkommen gibt). Bei den Tieren sind das die Giftschlangen (Horn- und Aspisviper, Kreuzotter), die sich bei Bedrohung schon mal durch einen Biss wehren können. Besonders gut geschützt sind Landschaft, Pflanzen und Tiere in den Naturparken:
▶ Rieserferner – Ahrn
▶ Sextener Dolomiten
▶ Fanes – Sennes – Prags
▶ Puez – Geisler
▶ Schlern

Infos und naturkundliche Touren:
▶ Provinz Bozen, Abteilung Natur, Landschaft und Raumentwicklung, Landhaus 11, Rittner Straße 4, 39100 Bozen, Tel. +39 0471 417800. www.provinz.bz.it/natur-raum

Wollgras im Gebiet der Sieben Seen (südliche Stubaier Alpen, Tour 1).

»Krönung« jeder Tour: eine gemütliche Rast, hier bei der Tuffalm (Tour 47).

Museen/Sehenswürdigkeiten:

▶ Südtiroler Bergbaumuseum, Ridnaun-Schneeberg, Maiern 48, 39040 Ridnaun, Tel. +39 0472 656364.

▶ Landesmuseum für Volkskunde (mit Bauernhofausstellung), Herzog-Diet-Straße 27, 39031 Dietenheim, Tel. +39 0474 552087.

▶ MMM Ripa (Tibetisch: ri = Berg; pa = Mensch) auf Schloss Bruneck, www.messner-mountain-museum.it.

▶ MMM Corones, auf dem Gipfel des Kronplatz (Alpingeschichte), www.messner-mountain-museum.it.

▶ Burg Taufers (Anf. 13. Jh.), www.burgeninstitut.com/taufers_besucherinfo.htm, Tel. +39 0474 678 053.

▶ Schaubergwerk Prettau, Hörmanngasse 38/A, 39030 Prettau, Ahrntal, Tel. +39 0474 654298.

▶ Stiftskirche von Innichen; gilt als schönster romanischer Sakralbau der Ostalpen, Krypta aus dem 10. Jh., an der Stelle des ersten bayerischen Klosters (8. Jh).

▶ Museum Ladin / Ciastel de Tor, Torstraße 72, 39030 St. Martin in Thurn, Tel. +39 0474 524020.

▶ Diözesan-Museum Hofburg Brixen, Hofburgplatz 2, 39042 Brixen, Tel. +39 0472 830505.

▶ Südtiroler Archäologiemuseum (mit der Gletschermumie »Ötzi«), Museumstraße 43, 39100 Bozen www.archaeologiemuseum.it, Tel. +39 0471 320100.

Die Burg Taufers über dem Hauptort des Tals, Sand in Taufers.

Touristische Infos

Beste Jahreszeit
Für Wanderungen in tiefen und mittleren Lagen sind die Übergangsjahreszeiten am attraktivsten: Im Frühjahr begeistert eine vielfältige Blütenpracht das Auge, im Herbst fasziniert die überwältigende Fernsicht in klarer Luft oft ebenso wie die »brennenden« Lärchenwälder. Für Hochgebirgstouren bleibt wegen der Schneelage nur die Sommerzeit; dementsprechend sind die hoch gelegenen Hütten meist nur von Ende Juni bis Mitte/Ende September bewirtschaftet.

Anreise/Infrastruktur
▶ Von Norden kommt man mit dem Auto am bequemsten über den Brenner ins Tourengebiet, von Südostbayern und Oberösterreich auch über den Felbertauern und Lienz. Vom Süden und Osten Österreichs erreicht man Südtirol der Drau entlang über Lienz und das Pustertal.
▶ Zugverbindungen über die Brennerbahn Innsbruck – Bozen; in Franzensfeste zweigt die Pustertalbahn ab, die über Bruneck, Toblach und Innichen nach Lienz führt.
www.bahn.de, www.trenitalia.com, kostenfreie »Grüne Nummer« für Zugauskünfte (nur in I): 892 021.
▶ Busverbindungen: Mehrmals täglich wird die Strecke München – Innsbruck – Brixen – Bozen bedient (www.flixbus.de);
▶ Transportverbundsystem (Busse und Eisenbahnen): www.sii.bz.it, Auskünfte über Fahrpläne und Tarife: Tel. 840 000 471, aus dem Ausland unter Tel. +39 0471 551155.
▶ Verkehrsregeln in Italien, die Ausländern oft nicht bekannt sind:
- Außerorts mit Licht am Tag!
- Auf Landstraßen max. 90 km/h!

Nach einem Kaltfront-Durchgang: Schnee im August, hier auf dem nur 2332 m hohen Maurerberg (Tour 38); Blick auf den Peitlerkofel.

Telefonieren
▶ nach Italien: Ländervorwahl +39, dann Gebietsvorwahl von Festnetzanschlüssen **mit der »0«**
▶ in Italien die Gebietsvorwahl immer mitwählen, **auch im Ort**

Adressen und Telefonnummern
▶ Alpenverein Südtirol (AVS), Giottostraße 3, 39100 Bozen, www.alpenverein.it, Tel. +39 0471 978 141.
▶ Club Alpino Italiano, Sezione di Bolzano, Piazza delle Erbe 46, 39100 Bozen, www.caibolzano.it, Tel. +39 0471 978 172.
▶ Verband der Südtiroler Berg- und Skiführer, www.bergfuehrer-suedtirol.it, Tel. +39 0471 976 357.
▶ Dienst für Betreuungskontinuität (ehem. ärztlicher Bereitschaftsdienst): Tel. +39 0471 908 288.
▶ Konsulat von Deutschland, Dr. Streiter-Gasse 12, 39100 Bozen, Tel. +39 0471 972118.

In der Rieserfernergruppe: Blick von der Kasseler Hütte (Hochgallhütte, Tour 25) über das Ursprungtal (Tour 23) hinweg auf den Grenzkamm zu Osttirol.

Tourismusverbände/-vereine:
▶ Südtirol Information, Südtiroler Straße 60, I-39100 Bozen, Tel. +39 0471 999 999, www.suedtirol.info.
▶ Bozen und Umgebung: Südtiroler Str. 60, 39100 Bozen, Tel. +39 0471 307 000, www.bolzano-bozen.it
▶ Brixen und Umgebung (auch Sterzing): Regensburger Allee 9, 39042 Brixen, Tel +39 0472 275 252, www.brixen.org/de/brixen.html.
▶ Bruneck und Umgebing: Michael Pacher Str. 11 A, 39031 Bruneck, Tel. +39 0474 555 447, www.kronplatz.com/de.
▶ Region Drei Zinnen: Dolomitenstraße 29, 39034 Toblach, Tel. +39 0474 913 156, www.drei-zinnen.info.
▶ Region San Vigil: Catarina-Lanz-Str. 14, 39030 San Vigilio, Tel. +39 0474 501 037, https://sanvigilio.com.
▶ Grödnertal: Chemunstr. 7, 39047 St. Christina, Tel. +39 0471 777 777, www.valgardena.it.
▶ Region Seiser Alm: Dorfstr. 15, 39050 Völs am Schlern, Tel. +39 0471 709 600, www.seiseralm.it.

Urlaub auf dem Bauernhof:
Südtiroler Bauernbund, K.-M.-Gamper-Str. 5, 39100 Bozen, www.roterhahn.it, Tel. +39 0471 999325.

Touristische Internetportale:
▶ www.suedtirol.com
▶ www.altoadige-suedtirol.it

Alternativen für Aktive:
▶ Abenteuerpark »Kronaction«, Tel. +39 347 9848957, am Issinger Weiher, zwischen Kiens und Pfalzen auf der Pusterer Sonnenterrasse.
▶ Erlebnisbad Cron 4, 39031 Bruneck-Reischach, Sportpark, Tel. +39 0474 410473, www.cron4.it
▶ Kletterzentrum Bruneck, Josef Ferrari Straße 36, Bruneck, Tel. +39 0474 055005.
▶ Dolomit Arena Sexten (höchste Indoorkletterhalle Italiens), Waldheimweg 23, Tel. +39 0474 710096.

Literatur und Karten

Wanderbücher und -führer
Viele weitere Wanderungen in Teil- und Randgebieten bieten die Rother Wanderführer (»rote Reihe«):
- Dumler, H; Hirtlreiter, G; Hüsler, H: Bozen – Kaltern, 2018.
- Hauleitner, Franz: Dolomiten, Bände 1–8, 2016 bis 2019.
- Zahel, Mark: Rund um Sterzing, 2018.
- Hüsler, Eugen: Tauferer Ahrntal, 2016.
- Hirtlreiter, Gerhard: Antholz – Gsies – Hochpustertal, 2018.
- Mayr, Walter: Osttirol Süd, 2016.
- Dumler, H.; Hirtlreiter, G.: Osttirol Nord, 2018.

Die zentralalpinen Regionen werden beschrieben in folgenden Alpenvereinsführern (Bergverlag Rother):
- Klier, Walter: Stubaier Alpen, 2013.
- Klier, Walter: Zillertaler Alpen, 2013.

Für Kletterer AV-Führer *extrem*:
- Goedeke, Richard: Sella – Langkofel. Rother, München, 2001.
- Goedeke, Richard: Sextener Dolomiten. Rother, München, 2003.

Reisen, Natur und Kultur
- Baedeker-Reiseführer Südtirol, Ostfildern 2019.
- Höllhuber, D.; Fritz, F.: Südtirol, 7. Auflage, Michael Müller Verlag, Erlangen 2018.
- Lammerer, Bernd: Wege durch Jahrmillionen – Geologische Wanderungen zwischen Brenner und Gardasee. Tappeiner, Bozen 1990 / J. Berg, München 1991.
- Tappeiner, Jutta; Grießmair, Hans: Lebendige Bräuche in Südtirol, Athesia-Tappeiner, Bozen 2018.
- Schnürer, Sepp: Südtirol – Land zwischen Reben und Firn. BLV, München 2002.

Karten
Bei den meisten Routen reichen die im Buch abgedruckten Kartenausschnitte im Maßstab 1:50.000. Wer auch die Berge der näheren Umgebung bestimmen bzw. benachbarte Wege und Steige begehen will, nutzt trotzdem besser ganze Kartenblätter. Für Bergwanderer empfehlen sich dafür Karten im besonders genauen Maßstab 1:25.000:
- Von Tabacco wird das Gebiet abgedeckt durch die Blätter: 05, 07, 010, 030, 031, 032, 033, 034, 035, 036, 037, 038, 040
- Von Mapgraphic gibt es zu dieser Region die Blätter 10, 11, 12, 15 – 22, 30, 32, 33 (alle 1:25.000) und 31 (1:33.000).
- Der Alpenverein bietet Karten für die grenznahen Gebiete am Alpenhauptkamm; im Maßstab 1:25.000 gibt es die hervorragenden Blätter 30/1, 30/2, 30/4 und 31/1, im Maßstab 1:50.000 das Blatt 31/3.
- Als Übersichtskarte eignet sich die Freytag & Berndt Straßenkarte »Südtirol« 1:150.000.

Am Neveser Höhenweg (Tour 12).

Stubaier Alpen

1 Sieben-Seen-Runde, Egetjoch, 2695 m

Über Grohmannhütte und Poschhaus

Traumtour durch paradiesische Hochgebirgslandschaften
Wer ein Gespür hat für urtümliche Landschaften mit lieblichen Wollgraswiesen vor hochalpiner Szenerie, wird hier sein Paradies finden. Und das muss man meist mit nur wenigen anderen Genießern teilen, denn die Tour ist richtig lang, bietet aber trotzdem keinen Gipfel zum »schnell mal Mitnehmen« – beste Voraussetzungen also, um für die Massen unattraktiv zu sein. Wer jedoch die Natur genießen will, sollte sich diese einzigartige Seenplatte nicht entgehen lassen – und sich auch genug Zeit dafür gönnen, z. B. durch Übernachtung in der Grohmannhütte und eine ausgiebige Brotzeitpause an einem der Seen, für Hartgesottene auch mit Badeeinlage.

KURZINFO

Talort: Maiern im Ridnauntal, 1372 m, Endstation der Buslinie 312 von Sterzing.
Ausgangspunkt: Parkplatz Bergwerksmuseum (1450 m) oder längs der Zufahrtsstraße.
Gehzeit: 8½ Std. (mit Übernachtung auf der Grohmannhütte 2¾ + 5¾ Std.).
Höhenunterschied: 1350 m.
Anforderungen: Lange Bergwanderung, die v. a. eine gute Kondition, stellenweise auch Trittsicherheit und ein bisschen Orientierungsvermögen erfordert.
Einkehr-/Übernachtung: Aglsbodenalm (etwas abseits des Hauptweges, auf der Karte »Sennerbodenalm«), 1717 m; Grohmannhütte, 2254 m (Land/CAI, Tel. +39 335 804 7545, 8 Übernachtungsplätze, ggf. also unbedingt reservieren); Poschhaus (Moarerbergalm), 2112 m (Tel. +39 348 816 69 77).
Varianten: A) Panoramaweg/Burkhardklamm zwischen Bergbaumuseum und Aglsboden, beschildert. B) Abstieg vom Poschhaus auch Weg 28 (im Tal, über die Stadlalm) oder ganz bequem auf dem Versorgungssträßchen möglich.
Karten: Tabacco 1:25.000, Blatt 38: Sterzing, Stubaier Alpen. AV-Karte 1:50.000, Blatt 31/3 Brennerberge.

Wir lassen das Bergbaumuseum (1) und den Fahrweg zum Poschhaus links liegen und beginnen die Tour auf dem Weg Nr. 9 durch einen reizvollen Bergwald. Nach einem Kiesstraßen-Intermezzo erreicht man eine Steinmauer, die das Schwemmbecken des Aglsboden begrenzt. An dessen anderem Ende lockt die erste Einkehrmöglichkeit, die Aglsbodenalm (auch Sennerbodenalm, 1717 m – dorthin auf dem Fahrweg halblinks). Wer die Tour eher an einem Tag bewältigen will, geht besser rechts an der Schwemmebene entlang. Bei der nächsten Verzweigung links weiter talein. An der folgenden Geländestufe treffen die

In der Südsee? Nein, am Moarer Egetensee!

Stubaier Alpen

»Einkehrer« von der Aglsbodenalm über eine Hängebrücke und einen steilen Weg wieder auf den Hauptweg. Immer an der in Gehrichtung rechten Talseite zieht der Steig talein. Nach Querung eines etwas abschüssigen Bachtobels steigen wir bald zur kleinen Grohmannhütte (2), 2254 m, hinauf. Hier lockt die nächste Speisekarte.

Schon etwas unter der Grohmannhütte trifft man auf die Wegverzweigung, bei der es nach Westen zu den Sieben Seen geht. Nach der Einkehr gehen wir dorthin zurück und kurz bergab zum Abfluss des Übeltalferners. Der wird auf einer stabilen Brücke überquert. Bald führt der kürzere Weg 33 nach links schräg auf den Hang zu. Wir halten uns an die Markierungen und Trittspuren des reizvolleren Weges 33a. Der führt (in Gehrichtung) rechts des Baches auf eine Geländestufe zu. Sobald diese überwunden ist, taucht links unten der Trübe See (3) auf, der größte der Sieben Seen. An einigen exponierten Stellen vorbei führt der Weg auf eine weite Bergwiese, wo er sich vorübergehend verliert. Hier steigen wir nach rechts problemlos über einen Wiesenhang hinauf. Bei einigen Geländebuckeln zur Linken halten wir Ausschau nach dem dort wieder deutlicheren Weg. Hinter den Buckeln tut sich dann ein Naturparadies mit kleinen, wollgrasgesäumten Tümpeln und Seen auf – die Obere Senner Egete. Zwischen diesen führt der Weg über eine Schwemmebene zu einer Geländeschwelle, hinter der die nächste Schwemmebene wartet – mit einem wahren Wollgras-»Meer« (siehe Bild S. 15). Nach einer weiteren Geländeschwelle erreicht man den abgeschiedenen Hinteren Senner Egetensee (4), 2647 m (auf der F&B-Karte »Mittlerer Egetensee«).

Beim Seeabfluss wenden wir uns nach links und folgen dem Weg über einen Schutthang in ein Joch. Rechts tauchen dann die Trümmer eines Felssturzes auf, dessen helle

Die große Schwemmebene unterhalb der Grohmannhütte.

Verzweigter Bachlauf zwischen den Seen der Oberen Senner Egete.

Dolomitbrocken schon fast blenden – und auf seine Herkunft hinweisen: die wilden Zinnen der Weißen; das ist der Gipfel rechts über uns. Nahe dem Felssturz geht es fast weglos auf das **Egetjoch (5)**, 2695 m.
Dort trifft man auf den Weg 33 (vom Trüben See) und folgt ihm nach rechts. Jetzt geht es zügig bergab. Links vor uns funkelt der **Moarer Egetensee (6)**, 2468 m, in faszinierendem Smaragdgrün. Oberhalb des Sees gilt es eine Kalkschutthalde zu queren, bevor uns wieder das liebliche Grün der Hochgebirgsmatten empfängt. Unser Weg wendet sich in einem weiten Kessel nach links. Abzweigungen nach rechts (beschildert zum Schneeberghaus) bleiben unberücksichtigt. Wir halten uns an die Wegweisung zum **Poschhaus (7)** und steigen über einen wieder steileren Wegabschnitt hinab zu dieser gastlichen Hütte, 2110 m.
Zum Schluss spazieren wir auf dem Versorgungsweg der Hütte ein kurzes Stück talein, kürzen eine Kehre ab und zweigen bei der Ruine nach links auf einen Wanderweg ab, der zum Lehrpfad hinabführt. Dem folgen wir nach rechts, kreuzen das Versorgungssträßchen und wandern auf den Spuren der Knappen – mal querend, mal steiler absteigend – zurück zum **Bergbaumuseum (1)**.

Am Egetjoch. Blick auf Hochgwänd (3190 m) und Hangenden Ferner.

Stubaier Alpen

2 Aglsspitze, Nordgipfel, ca. 3180 m

Über die Teplitzer Hütte und den Pfurnsee ★★

Felsige Aussichtswarte über dem Feuersteinferner
Die Aglsspitze ist der höchste Gipfel im Gebirgskamm zwischen Ratschings und Pflersch. Die großartige Aussicht reicht nicht nur in beide Täler, sondern auch auf die vergletscherte Bergwelt am Alpenhauptkamm. Besonders imposant ist der Tiefblick auf den Feuersteinferner. Aus Sicherheitsgründen wird hier nur der Nordgipfel empfohlen. Das ist aber kein Nachteil: Der nur wenige Meter höhere Südgipfel ist so schlank, dass er die Aussicht vom Nordgipfel praktisch nicht beeinträchtigt – im Gegenteil: Der »steile Zahn« bereichert den Panoramawert sogar. Die Tour wird abgerundet durch einen reizvollen Rückweg, der am 400 m langen Pfurnsee und der Unteren Aglsalm vorbeiführt.

KURZINFO

Talort: Maiern im Ridnauntal, 1372 m, Endstation der Buslinie 312 von Sterzing.
Ausgangspunkt: Parkplatz Bergwerksmuseum (1450 m) oder längs der Zufahrtsstraße.
Gehzeit: 9½ Std. (empfehlenswert mit Übernachtung auf der Teplitzer Hütte, dann gut 3½ Std. + knapp 6 Std.).
Höhenunterschied: 1750 m.
Anforderungen: Trittsicherheit, für den Gipfel ist Gewandtheit im Felsgelände und ganz oben auch etwas Schwindelfreiheit von Vorteil; Vorsicht in den teils steilen Bergwiesen beim Pfurnsee, insbesondere bei Nässe! Schwierigkeit tendiert insgesamt zu »rot«, aber nur wenn man auf den Hauptgipfel verzichtet.
Einkehr-/Übernachtung: Aglsbodenalm (auf der Karte »Sennerbodenalm«, 1717 m; Grohmannhütte, 2254 m (Land/CAI, Tel. +39 335 804 7545), Teplitzer Hütte, 2586 m (Land/CAI, Tel. +39 338 1358371; Untere Aglsalm, 2004 m.
Variante: Becherhaus (CAI, Tel. +39 348 6005734) am Bechergipfel, 3191 m, hochalpiner, aber markierter und gesicherter Steig von der Teplitzerhütte, 3½ Std. rauf, 2¾ Std. runter.
Karten: Tabacco 1:25.000, Blatt 38: Sterzing, Stubaier Alpen. AV-Karte 1:50.000, Blatt 31/3 Brennerberge.

1. Tag: Vom Bergbaumuseum (1) gelangt man wie bei Tour 1 zur Grohmannhütte (2), 2254 m. Wenn man den Verlockungen der dortigen Speisekarte erliegt, sollte man darauf achten, dass das Mahl nicht zu schwer ist. Denn die folgende Steilstufe auf die Teplitzer Hütte (3), 2586 m, ist mit gar zu vollem Bauch kein Vergnügen!

Stubaier Alpen

2. Tag: Von der **Teplitzer Hütte (3)** weg gehen wir auf dem Becherhaus-Weg ein kurzes Stück bis auf den Rücken der ersten Ufermoräne. Dort auf dem Weg zur Magdeburger Hütte rechts hinauf. Bald führen alte Trittspuren geradeaus (der ehemalige Weg, der über den Hangenden Ferner zur Magdeburger Scharte führte); wir halten uns dort an die Markierungen, die durch eine reizvolle Felsbuckel-Landschaft vorübergehend

Die Teplitzer Hütte.

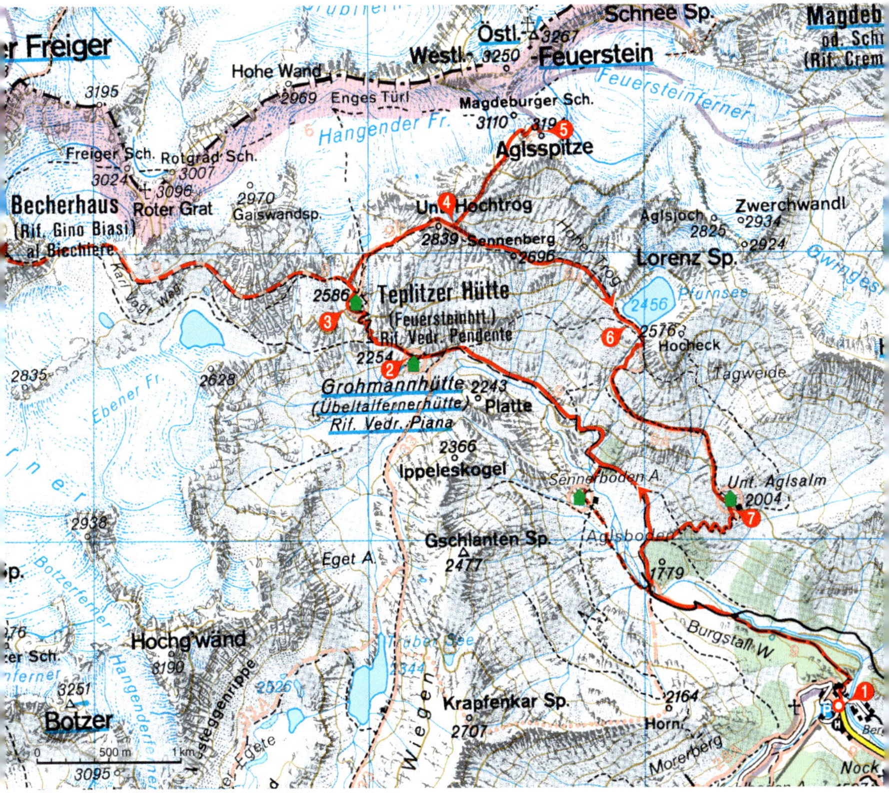

Blick vom Nordgipfel zum Südgipfel der Aglsspitze. Rechts unten erkennt man den Aglsboden, weiter talaus das Ridnauntal.

etwas nach rechts leiten. Nach einer Geländestufe passieren wir die kleinen Seen am **Hohen Trog (4)**, 2839 m. Hinter dem zweiten der beiden Hauptseen (Bild unten) treffen wir auf die Wegverzweigung, bis zu der wir nach dem Gipfelabstecher auf gleichem Weg wieder absteigen; jetzt gehen wir erst mal links hinauf. Wo das Gelände wieder etwas flacher und übersichtlicher wird, öffnet sich erstmals der Blick auf eine große blockige Flanke. Durch diese quert man auf dem Hauptweg leicht ansteigend so lange Richtung Magdeburger Scharte, bis wir Trittspuren entdecken (erstmals etwas oberhalb eines größeren Felsblocks) bzw. das Gelände gangbar genug aussieht, um nach rechts hinauf zu steigen (je nach Schneelage unterschiedlich). Je höher man über die Blockhalde aufsteigt, umso wahrscheinlicher trifft man auf Pfadähnliches. Folgt man den Spuren, kommt man auf den Nordgrat und darauf schließlich auf den **Nordgipfel der Aglsspitze (5)**, ca. 3180 m – ein großartiger Platz!

Über die Schwierigkeit des Südgipfels gibt es unterschiedliche Einschätzungen (I bis II) – wir fanden ihn augenscheinlich

Eine der Lacken beim Hohen Trog.

Am Aglsspitze-Nordgipfel. Links der Wilde Freiger, rechts die Ruderhofspitze.

zumindest gefährlich, denn die Felsformationen des Südgipfels wirken nicht sehr stabil und sie liegen zudem in einer Höhenzone, in der mit auftauendem Permafrost zu rechnen ist.

Beim Abstieg geht man zunächst am Anstiegsweg bis zur Wegverzweigung neben dem oberen See am **Hohen Trog**. Dort trennen wir uns vom Anstiegsweg und folgen dem Pfad nach links. Eine aussichtsreiche Wegstrecke führt nun zum **Pfurnsee (6)**, 2456 m, hinab, der zur gemütlichen Rast am Wasser in stiller Natur einlädt. Unser Pfad führt dann durch stellenweise abschüssige Bergwiesen unter dem Inneren Hocheck zur **Aglsalm (7)**, 2004 m, und damit zu einem etwas belebteren Rastplatz – aber mit netten Leuten am Tisch muss das ja auch kein Nachteil sein. Nahe dem unteren Ende des Aglsbodens trifft man wieder auf den Anstiegsweg.

Am Weg zum Becherhaus (Variante); in der Tiefe der Übeltalferner.

Stubaier Alpen

3 Weißwandspitze, 3016 m

Von der »Hölle« über die Magdeburger Hütte

Auf die Pflerscher Dolomitpyramide
Die Weißwandspitze ist einer der markantesten Berge weit und breit: Aus dem Wipptal wie auch aus dem Pflerschtal erkennt man ihn eindeutig an seinem pyramidenförmigen, hell leuchtenden Dolomitgipfel, der sich mit einer scharfen waagrechten Gesteinsgrenze vom darunter lagernden, dunklen Schiefergestein absetzt.

KURZINFO

Talort: St. Anton, 1246 m, im inneren Pflerschtal; wird von einigen Kursen der Buslinie 313 angefahren (über Gossensass Verbindung mit Brenner und Sterzing).
Ausgangspunkt: Parkplatz oberhalb des Wasserfalls »Zur Hölle«, 1470 m; Zufahrt: von St. Anton im Innerpflersch nach links Richtung Stein, vor großer Brücke (dort auch Parkplätze) Weiterfahrt – aber nur vor 8 und nach 16 Uhr – nach links hinauf und auf Schotterstraße zum Parkplatz.
Gehzeit: 8½ Std. (mit Übernachtung in der Magdeburger Hütte gut 2¾ + knapp 5¾ Std.).
Höhenunterschied: 1600 m.

Anforderungen: Bis zur Hütte unproblematische Bergwanderung (»rot«), die nur etwas Trittsicherheit erfordert; am Gipfelaufbau leichte Dolomitkraxelei (knapp I) in ungesichertem, aber nicht senkrechtem Fels- und Schrofengelände; dort ist – insbesondere beim Abstieg – etwas Orientierungssinn gefragt (bei schlechter Sicht Vorsicht!).
Einkehr-/Übernachtung: Ochsenhütte, 1690 m (abseits des Weges, Tel. +39 348 3144772); Magdeburger Hütte, 2423 m (CAI, Tel. +39 0472 755007).
Tipp: Vom Ausgangspunkt kurzer Abstieg zu einer kleinen Aussichtskanzel am 46 m hohen Wasserfall »Zur Hölle« (beschildert und befestigt).
Karten: Tabacco 1:25.000, Blatt 38: Sterzing, Stubaier Alpen. AV-Karte 1:50.000, Blatt 31/3 Brennerberge.

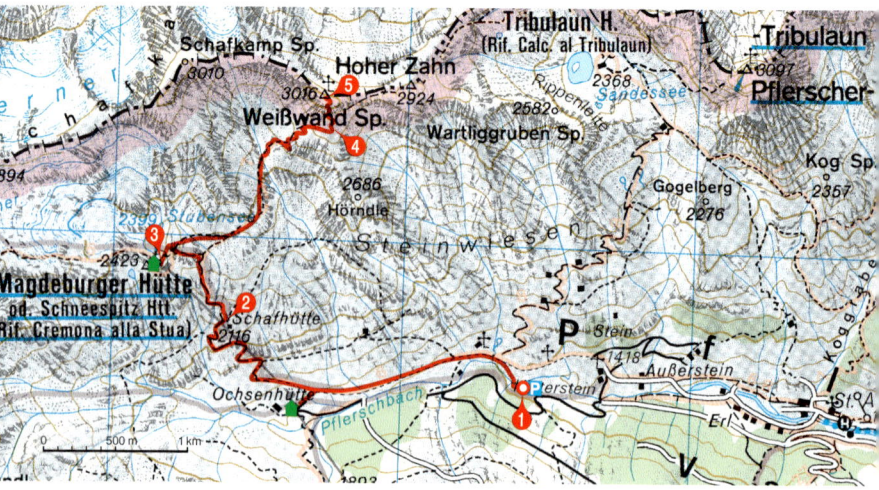

1. Tag: Vom Parkplatz bei der »Hölle« (1) gehen wir talein und die wenigen Meter zum Bach hinab. Auf der anderen Seite des Gewässers ignorieren wir eine kleine Abzweigung nach rechts, ebenso bald darauf die Abzweigung zur Tribulaunhütte. Über einige Seitenbäche geht es talein Richtung **Ochsenhütte**, 1690 m. Wer sich den möglichen Einkehrabstecher spart, lässt sie links liegen und quert oberhalb vorbei. Über Weidehänge gelangt man zum Schmelzwasserbach des Stubenferners. Daran in einer imposant eingeschnittenen Kerbe kurz empor, um dann scharf nach rechts herauszuqueren. An den Resten der **Schafhütte (2)** vorbei gewinnt man zügig an Höhe. An der Karschwelle beim teils verlandeten **Stubensee** verzweigen sich die Wege. Links geht es in wenigen Minuten zur **Magdeburger Hütte (3)**, 2423 m.

2. Tag: Von dort geht zur Verzweigung zurück, um den Gipfelanstieg anzugehen: Nach einer Hangquerung, bei der an einer Felsrippe schon mal die Hände zu gebrauchen sind, gelangt man über einen wilden

Blick vom Gipfel ins Pflerschtal.

Steinböcke in der Südflanke.

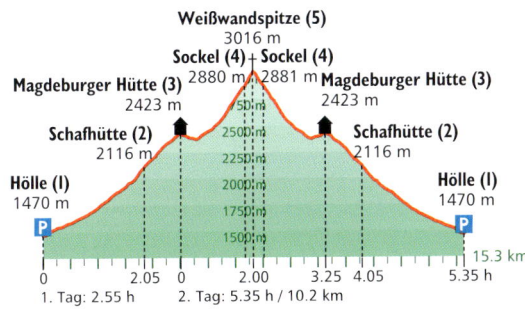

Felssturz-»Verhau« in einen Talkessel. Aus diesem führt der Steig in einem Rechtsbogen zunehmend steil heraus. Dabei wird eine plattige Zone mit losem Grus an Stahlseilen überwunden. Die Querung des kleinen

Die Magdeburger Hütte im Pflersch.

Wasserfalls zu Beginn dieser Zone ist gar nicht so arg, wenn man sich am Stahlseil festhält und mit den Füßen gegen den nassen, trittarmen Fels stemmt. Über steiles Mattengelände gelangt man schließlich an den **Sockel (4)**, ca. 2880 m (Band), des markant abgesetzten Gipfelaufbaus aus hellem Dolomit. Dort verlassen wir den Höhenweg zur Tribulaunhütte nach links und gelangen auf streckenweise mehrdeutigen Steigspuren (gut einprägen für den Abstieg!) in leichter Kraxelei auf den **Gipfel (5)**, 3016 m. Dort aufpassen: Die stellenweise wenig stabil wirkende Felskante bricht abrupt über die hunderte Meter hohe Nordwand ab.

Abstieg wie Aufstieg. Am Gipfelaufbau genau dem Aufstiegsweg folgen und keine Steine lostreten!

Am Stubensee nahe der Magdeburger Hütte.

Stubaier Alpen

Gschnitzer Tribulaun, 2946 m

Über das Sandesjöchl und die Schneetalscharte ★★

Grandiose Rundtour über die beiden Tribulaunhütten
Die Tribulaune ragen so jäh aus dem Pflerschtal auf, dass einem am Bergfuß angst und bange werden kann. Wohl auch wegen der spektakulären Erscheinung untersuchte der junge französische Mineraloge Deodat de Dolomieu 1789 das Gestein der Tribulaune genauer. Dabei entdeckte er, dass das kalkähnliche Gestein aus einem bis dahin unbekannten Magnesiumcarbonat bestand, das dann ihm zu Ehren – aber gegen seinen Willen – als Dolomit bezeichnet wurde.

KURZINFO

Talort: St. Anton, 1246 m, im inneren Pflerschtal; wird von einigen Kursen der Buslinie 313 angefahren (über Gossensass Verbindung mit den Bahnhöfen Brenner und Sterzing).
Ausgangspunkt: Parkplätze am Bach z.B. gegenüber dem Haus der Vereine.
Gehzeit: 12 Std. (eine Übernachtung versteht sich da von selbst, am besten im österreichischen Tribulaunhaus – dann gut 5½ + knapp 6½ Std.).
Höhenunterschied: 2400 m.

Anforderungen: Anspruchsvolle Bergtour, die gute Kondition, Trittsicherheit, Schwindelfreiheit und Felsgewandtheit (I) verlangt; teils abschüssiges Gelände; ein langer, steiler Abstieg belastet die Knie (Stöcke!).
Einkehr-/Übernachtung: Tribulaunhütte am Sandessee, 2368 m (CAI, Tel. +39 0472 632470); Tribulaunhaus, 2064 m (TVN, Tel. +43 664 4050951).
Karten: Freytag & Berndt 1:50.000, WK 241: Innsbruck, Stubai, Sellrain, Brenner. Tabacco 1:25.000, Blatt 38: Sterzing, Stubaier Alpen. AV-Karte 1:50.000, Blatt 31/3 Brennerberge.

Links der Bildmitte die Tribulaunhütte, rechts hinten das Sandesjöchl.

Sandessee, italienische Tribulaunhütte und Pflerscher Tribulaun (3096 m).

1. Tag: In **St. Anton (1)** leitet eine Treppe vom Haus der Vereine zur **Pfarrkirche**; dort gehen wir auf der Straße bergan zum Hotel Panorama. Daran vorbei kommen wir zum oberen Ende eines Skilifts. Dort setzt unser Pfad an, der bald in den Wald führt und sehr zügig an Höhe gewinnt. Ein kurzer Abstecher nach links führt zum **Koggraben-Wasserfall**. Nach weiteren steilen Waldpartien und einer Bergwiese teilt sich der Weg: Geradeaus geht es hinauf in die Schneetalscharte (von dort werden wir am nächsten Tag zurückkehren), wir gehen nach links über das **Bachbett** und folgen dem teils unscheinbaren Pfad Nr. 7. Der gewinnt in einem mit einzelnen Felsen und Bäumen durchsetzten Grasgelände zügig an Höhe. In einer Latschenzone rechts oberhalb einer mit steilen Flanken eingetieften Talkerbe streben wir auf die imposant aufragenden Wände des Pflerscher Tribulaun zu. Unter diesem riesigen Dolomitgebäude erreichen wir einen **Kessel**, in dem in der Regel ganzjährig Lawinenschnee liegt. Hier treffen wir auf den **Pflerscher Höhenweg**

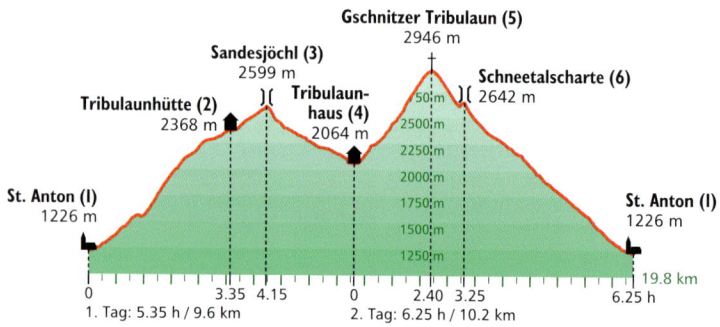

Stubaier Alpen

und queren darauf nach links. Meist nahe dem Fuß der fast tausend Meter aufragenden Südwand des Pflerscher Tribulaun gelangen wir zu einem Geländerücken (»Gogel«). Über eine helle Felssturzhalde führt der Weg in einen Kessel. Dort liegt die **Tribulaunhütte (2)**, 2368 m, des CAI.

Am **Sandessee** vorbei wandern wir auf gutem Weg ins **Sandesjöchl (3)**, 2599 m (Pflerscher Scharte), hinauf. Beim Abstieg auf der anderen Seite lassen wir die Abzweigungen zur Bremer Hütte und zur Garklerin links liegen und queren auf dem Steig Nr. 130 über die Schuttreißen unter den Nordwänden des Tribulaun-Massivs zum **Tribulaunhaus (4)**, 2064 m der Naturfreunde.

2. Tag: Auf dem Weg 128 steigen wir über das »**Schneetal**« genannte Schuttkar im Süden auf. Oben folgen wir dem steilen Steig nach rechts hinauf zu einer Scharte. Im Felsgelände (mit losem Schutt!) leiten Markierungen über teils gesicherte Stellen (I) und einen Rücken. Schließlich geht es über einen Schutthang zum Gipfel des **Gschnitzer Tribulaun (5)**, 2946 m.

Zurück an der Verzweigung im obersten Schneetal, wenden wir uns nach rechts und steigen anschließend sehr steil hinauf zur weiter östlich eingekerbten **Schneetalscharte (6)**, 2642 m. Auf der Südtiroler Seite geht es dann durch eine wilde Felslandschaft steil hinab. Den Pflerscher Höhenweg (Nr. 32a) kreuzen wir und gehen auf dem Weg 32 weiter

bergab – möglichst knieschonend, denn es zieht sich! Auf dem vom Vortag bekannten Anstiegsweg überwinden wir schließlich die bewaldete Steilstufe oberhalb von **St. Anton (1)**.

Blick vom österreichischen Tribulaunhaus auf die Garklerin (links) und den wolkenumrankten Habicht.

Ridnaun / Ratschings

5 Gilfenklamm, Ruine Reifenegg, 1160 m

Rundtour über die Ruine Reifenegg ★★

Durch einen spektakulären Marmorschlund

Die Gilfenklamm gilt als einzige Klamm der Welt, die in reinem Marmor eingekerbt ist. Richtig weiß ist dieses für den sogenannten »Schneeberger Zug« typische Gestein aber nur dort, wo es regelmäßig von zischenden Wassermassen »geputzt« wird. Die Klamm wurde erstmals 1896 gangbar gemacht. 1898 wurde sie dann zu Ehren des damals auch über Südtirol herrschenden Habsburgers »Kaiser-Franz-Josef-Klamm« getauft.

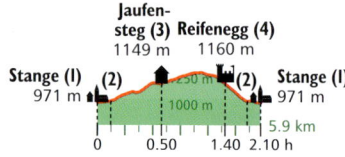

KURZINFO

Talort: Sterzing, 948 m, im Eisacktal; Bhf. der Brennerbahn Innsbruck – Bozen.
Ausgangspunkt: Stange, 971 m, Parkplätze zwischen Volksbank und Gemeindehaus sowie vor der Brücke links, ggf. auch bei den Sportplätzen östlich des Ortskerns; Zufahrt von Sterzing kommend bei Gasteig rechts ins Ridnauntal; Bus 312 von Sterzing.
Gehzeit: Knapp 2¼ Std.
Höhenunterschied: 300 m.
Anforderungen: In der Klamm geländergesicherte Weganlage; Nässe in der Klamm und das Gelände um die Burgruine erfordern griffige Schuhe; kleinere Kinder sollte man in Griffweite haben.
Öffnungszeiten: Anfang Mai bis Ende Oktober, Infos: Tel. +39 0472 760608.
Einkehr: Gasthaus Ratschingser Hof in Stange; Gasthof Jaufensteg, 1149 m, am oberen Ende der Klamm. In Bichl (Variante) Gasthof Schölzhorn und – direkt bei der Bushaltestelle im Südosten des Orts – die Pizzeria zum Sepp.
Variante: Von Jaufensteg auf dem historischen Ratschingser Weg (Nr. 13) talein, unter alten Marmorbrüchen vorbei, in Unterhäusern halbrechts nach Bichl, 1307 m (1¼ Std.); zurück mit Bus 312.
Karten: Tabacco 1:25.000, Blatt 38: Sterzing, Stubaier Alpen. AV-Karte 1:50.000, Blatt 31/3 Brennerberge.

Gilfenklamm: Brücke über dem tobenden Wasser in der »Kirche«.

Föhnwolke über St. Andreas (1754 geweiht) in Bichl, dem Ziel der Variante.

Von der Volksbank in **Stange (1)** gehen wir an der Hauptstraße talaus und zweigen nach der Brücke rechts ab. Bald nachdem der Weg etwas an Höhe gewonnen hat, taucht er in die **Gilfenklamm (2)** ein. Es wird nun dunkel, feucht und unheimlich eindrucksvoll – insbesondere im Bereich der sogenannten »Kirche«. Vom oberen Klammende führt der Weg zum Gasthaus **Jaufensteg (3)**, 1149 m.

Ein kurzes Stück an der Straße talein bringt uns auf die Südseite des Ratschingser Bachs. Dort geht es links ab (11 B). Einem aussichtsreichen Höfesträßchen folgen wir, bis uns ein Wegweiser nach links zur Ruine Reifenegg schickt. Auf einem Pfad geht es nun steil bergab. Ein kurzer Abstecher führt zum Turm der Ruine **Reifenegg (4)**, 1151 m. Kissenförmige Buckelquader an den Gebäudeecken sind ein Merkmal des Burgenbaus im 13. Jh. Über einer Lucke erkennt man ein Hufeisen – das Wappen der Trautson, die die Burg ab 1243 zu Lehen bekamen.

Wir wandern auf dem Waldweg weiter bergab. Im Tal folgen wir dem Sträßchen nach rechts; es leitet zurück zur Hauptstraße in **Stange (1)**.

Zillertaler Alpen

6 Weißspitze, 2714 m

Von der Riedbergalm und den Westrücken

Auf den Südwestsporn der Zillertaler Alpen

Der Name gibt bei diesem Gipfel kein großes Rätsel auf: Die Gipfelpartie strahlt nämlich in blendendem Weiß und hebt sich damit deutlich ab von der grün-grauen Umgebung. Die Farbe kommt vom Kalkgestein, aus dem dieser Gipfel aufgebaut ist – wie noch so manch anderer Gipfel ähnlichen Namens in der Brenner-Region. Der Anstieg führt über Bergwiesen, die mit faszinierender Blumenpracht ebenso glänzen, wie mit einer grandiosen Aussicht über das Wipptal hinweg aufs Pflerschtal und die Stubaier Alpen.

KURZINFO

Talort: Sterzing, 948 m, Bhf., im Eisacktal.
Ausgangspunkt: Parkflächen bei der Riedbergalm, 1925 m. Zufahrt von Sterzing Richtung Pfitschtal, noch vor Wiesen nach links hinauf, durch Flains, an Schmuders und am Braunhof vorbei; zum Schluss raue Schotterstraße (Gatter wieder schließen!).
Gehzeit: 3¾ Std.
Höhenunterschied: 800 m.
Anforderungen: Leichte Wanderung über Bergwiesen bis zum Gipfelaufbau; dessen brüchiger Fels erfordert Trittsicherheit und Vorsicht; die Variante ist schwieriger (»schwarz«).

Einkehr/Übernachtung: Am Ausgangspunkt: Riedbergalm, 1925 m; bei der Variante: Hühnerspielhütte, 1865 m (Tel. +39 335 5666181).
Variante: Von der Weißspitze auf Steigspuren zur nördlich eingekerbten Scharte, 2618 m, hinab und auf teils gesichertem Steig auf den Hühnerspiel (Amthorspitze), 2749 m; bis hierher stellenweise exponiertes Felsgelände (Schwierigkeitsgrad I). Abstieg auf dem Normalweg über den Westrücken (früher ein Skigebiet) zur Hühnerspielhütte, 1865 m; auf Fahrweg an der Platzalm, 1899 m, vorbei zurück zum Ausgangspunkt (1½ Std. länger).
Karten: Tabacco 1:25.000, Blatt 38: Sterzing, Stubaier Alpen. AV-Karte 1:50.000, Blatt 31/3 Brennerberge.

Der helle Gipfelaufbau der Weißspitze.

Blick vom Westrücken auf das Pflerschtal und die Stubaier Alpen.

Von der **Riedbergalm (1)**, 1925 m, steigen wir nach Osten bergan. Dabei folgen wir einem Pfad, der recht zielstrebig über einen **Wiesenrücken** führt. Im Bereich eines steileren Abschnitts tut sich ein Blick auf in das markant eingetiefte Tal, das den Riedbergrücken nördlich begrenzt. Nach letzten Kehren im Weidegelände führt der Weg schließlich in deutlich raueres Gelände: Vorsichtig steigen wir über eine teils brüchige Felszone auf den Gipfel der **Weißspitze (2)**, 2714 m.

Das Pflerschtal vor Augen, kehren wir auf dem Anstiegsweg zurück..

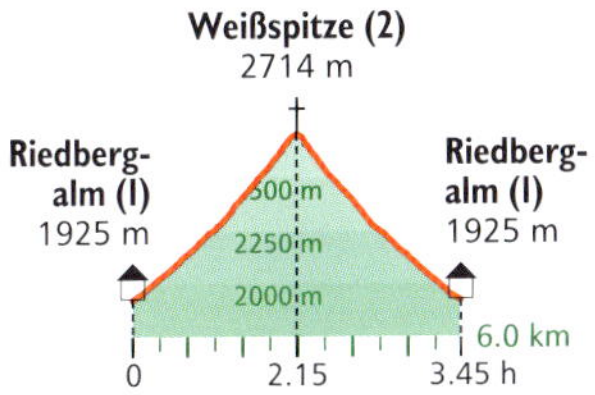

Zillertaler Alpen / Pfunderer Berge

7 Höllenkragen, 2387 m

Schattiger Anstieg aus dem Pfitschtal ★

Einsame Pfade über einen frei stehenden Aussichtsberg
Wer beklagt, die Einsamkeit der Berge nicht mehr finden zu können, kann am Höllenkragen ein Beispiel dafür erleben, dass es wirklich einsame Bergwege sehr wohl noch gibt – und das sogar wenige Kilometer neben der meistfrequentierten Verkehrsachse der Alpen. Der Höllenkragen hoch über der Brennerautobahn wird zwar durchaus öfter bestiegen, aber nur selten auf der hier vorgestellten Route auf der stillen Seite des Berges.

KURZINFO

Talort: Tulfer, 1112 m, im unteren Pfitschtal; Zufahrt von Sterzing.
Ausgangspunkt: Obertulfer; Zufahrt: Auf der Talstraße die Abzweigung nach Tulfer ignorieren und an Afens vorbei; nach langer Rechtskurve folgt bald eine scharfe Linkskehre (Hst. Bus 311 von Sterzing), dort nach Obertulfer abzweigen; durch Wald, dann über freies Gelände zu einer Rechtskurve am Waldrand, 1380 m; dort bzw. an den ersten Metern der Forststraße Parkmöglichkeiten (sonst an Holzlagerplätzen der Zufahrtsstraße).
Gehzeit: 5¼ Std.
Höhenunterschied: 1020 m.
Anforderungen: Trittsicherheit, Aufmerksamkeit für Markierungen und schwache Wegspuren; für die Abstiegsvariante (B, »schwarz«) ist ein sehr ausgeprägter Orientierungssinn wichtig.
Einkehr/Übernachtung: Am Ausgangspunkt von Variante A: Pretzhof, 1270 m (Tel. +39 0472 764455).
Varianten: A) Start beim Pretzhof in Tulfer: zum Bauernhof am Teerstraßenende, dann auf Wiesenweg zum Gschwenterbauer hinaufqueren und auf Straße zur Kurve am Waldrand. B) Wer die Tour als Runde gehen will, kann vom Gipfel über den Westrücken absteigen. Unmittelbar unterhalb einer riesigen Tafel verlässt man den Rücken nach rechts und quert auf einem rauen Pfad leicht absteigend zu einer von weitem sichtbaren Almhütte (die letzten Meter dorthin geht es steil hinab). Nun nehmen wir den Pfad, der unterhalb des Zufahrtssträßchens ansetzt. Wo dieser Pfad eine größere Wiese erreicht, halten wir uns rechts und steigen weglos hinab zu einem kleinen Hütterl. Dort setzt wieder ein deutlicherer Pfad an; er quert nach rechts zum Hoferlahngraben, durch den man vorsichtig auf die andere Seite steigt. Dort geht es ein Stück an einem steilen Hang oberhalb der Bachkerbe talaus, bevor der Weg nach rechts schwenkt. Am Nösslgraben hat uns die Zivilisation wieder: Bei einer großen Wildbachverbauung überqueren wir den Bach und gehen auf einer Forststraße weiter – entweder rechts vorübergehend bergan direkt zum Anstiegsweg oder etwas länger und mit geringem Gefälle zunächst links, später spitzwinklig nach rechts zurück zum Ausgangspunkt beim Holzlagerplatz.
Tipp: Reichlich zu Trinken mitnehmen!
Karten: Tabacco 1:25.000, Blatt 37: Hochfeiler, Pfunderer Berge. AV-Karte 1:50.000, Blatt 31/3 Brennerberge.

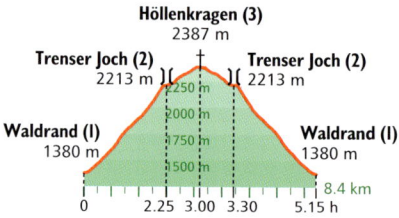

Blick vom Westrücken des Höllenkragens ins Pfitscher Tal.

Von der Rechtskurve am **Waldrand (1)** kommen wir auf der Forststraße gleich zu einem großen **Holzlagerplatz**. An dessen oberen Rand setzt ein schmaler Fußweg (Nr. 5) an; dem folgen wir. Durch einen Bergwald mit Zonen recht unterschiedlichen Baumalters sowie über einige Lichtungen und Rückewege gewinnen wir langsam, aber stetig an Höhe. Dabei gilt es, besonders genau auf die Markierungen zu achten, da der Weg in Folge von Rückearbeiten und stellenweise dichtem Unterwuchs nicht immer gleichmäßig deutlich zu sehen ist. Nach gut 1½ Std. gehen wir an einer flachen **Almlichtung** (zu der ein Güterweg führt), 1884 m, nach rechts über die Bergwiese und halten nach der markierten Wegfortsetzung Ausschau, die steil durch immer lichteren Lärchenwald ansteigt und nach einem Linksbogen durch schrofendurchsetzte Hänge zum **Trenser Joch (2)**, 2213 m, ansteigt. Dort stehen einige verfallene Holzschuppen – bei einem Wettersturz zumindest ein notdürftiger Unterschlupf.

Wir gehen am Joch nach rechts; aber nicht auf dem Pfunderer Höhenweg, sondern auf dem Pfad, der zunächst auf den Bergrücken hinaufführt und im weiteren Verlauf nach rechts tendiert. So kommt man zu einem **Kreuz**, das bei einer Verflachung mit einem kleinem Tümpel steht. Dort wendet sich unser Weg nach links und führt durch eine Mulde auf den **Höllenkragen (3)**, 2387 m.

Am Anstiegsweg zurückzugehen ist am sichersten. Wer Erfahrung mit selten begangenem und kaum markiertem Gelände hat, findet in der Variante eine Herausforderung.

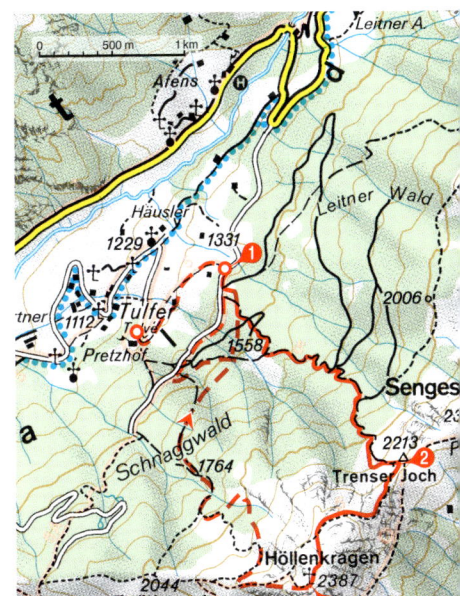

Zillertaler Alpen / Pfunderer Berge

8 Sengesspitze, 2368 m

Aus dem Sengestal über die Simile-Mahd-Alm ★★

Stille Berglandschaft über einer urgemütlichen Alm
Ins Sengestal verschlägt es nicht gar zu viele Bergfreunde – es kennt ja auch kaum jemand. Dabei lockt dort mit der Simile-Mahd-Alm ein liebevoll bewirtschaftetes kleines Refugium zur Einkehr oder auch zur Übernachtung. Die Berge über der Alm haben keine großen Namen, bieten aber hervorragende Aussicht und einen guten Überblick über eine der ruhigsten Berggebiete Südtirols.

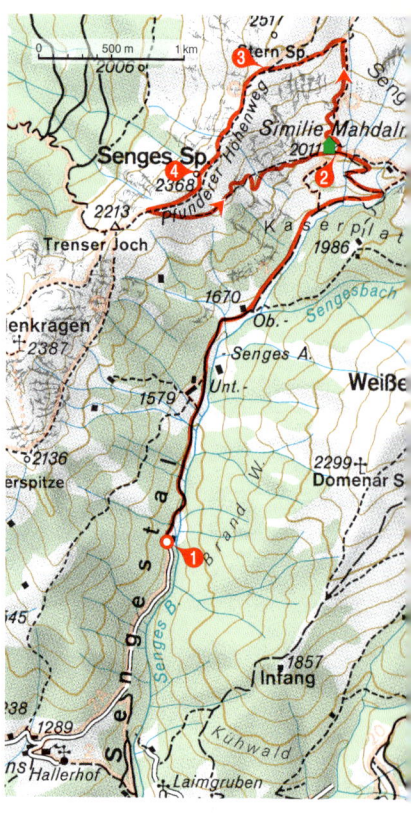

Die Südostflanke der Sengesspitze.

KURZINFO

Talort: Freienfeld, 937 m, östl. der Autobahnausfahrt Sterzing; Bhf., Bus 310.
Ausgangspunkt: Flaner Säge (Mühle), 1370 m, im Sengestal; Zufahrt über Valgenäun und Niederflans, 1289 m (dort nach der Kapelle links), weiter auf Forststraße.
Gehzeit: 6 Std.
Höhenunterschied: 1220 m.
Anforderungen: Ausgeprägte Trittsicherheit für schmalen Pfad, der beim Abstieg von der Sengesspitze durch teils sehr steile Gras- und Schrofenhänge führt; dabei schadet auch etwas Schwindelfreiheit nicht. Guter Orientierungssinn und Pfadfinder-Qualitäten auch bei guter Sicht nötig; nicht bei Nebel oder Nässe gehen!
Einkehr/Übernachtung: Simile-Mahd-Alm, 2011 m (Tel. +39 0472 647162).
Karten: Tabacco 1:25.000, Blatt 37: Hochfeiler, Pfunderer Berge. AV-Karte 1:50.000, Blatt 31/3 Brennerberge.

Vorne die Sengesspitze. Wir erreichen sie über den Rücken links dahinter.

Von der **Flaner Säge (1)** wandern wir auf dem Güterweg an den Sengesalmen vorbei talein und in Kehren hinauf zur gastlichen **Simile-Mahd-Alm (2)**, 2011 m.

Dann steigen wir auf dem Hang rechts über dem Gebäude an, grob in Richtung der zwei markanten Bergspitzen im Talhintergrund. Teils schwach ausgeprägte Trittspuren (markiert mit dem rotumrandeten weißen Kreis des Pfunderer Höhenwegs) leiten mit Tendenz nach links hinauf zu einer feuchten Quellzone. Danach heißt es aufpassen: nicht der weiterhin talein hangquerenden Trasse folgen, sondern den nach links hinaufleitenden Markierungen. Im Bereich eines weiten **Sattels (3)** folgen wir dem anfangs breiten **Südwestrücken**, gut 2400 m, des Kleinen Finstersterns nach links. Wo der sich teilt, leiten Pfadspuren über den linken Rücken. Kurz darauf führt der Pfad durch eine Mulde wieder zum rechten Rücken. Aus einem Sattel, 2341 m, führt ein schmaler Weg auf den nicht besonders geräumigen Gipfel **Sengesspitze (4)**, 2368 m.

Beim Abstieg über die Fortsetzung des Kammes geht es anfangs noch eng zu. Bald nachdem das Gelände weiter wird, zweigen wir vor dem **Trenser Joch** nach links auf einen schmalen Pfad ab, der zur Simile (hier: »Simele«)-Mahd-Alm ausgeschildert ist. Der Pfad leitet durch einen Grashang auf den kreuzgeschmückten, felsigen **Pretzkopf** zu und beginnt links davon kräftig an Höhe zu verlieren. In steilem Grasgelände folgen wir nun exakt dem schmalen Pfad. Ein kurzes Schrofenwandl kann man rechts umgehen. Danach führt der Pfad links um ein exponiertes Eck (Gedenk-Marterl) und quert eine steile Grasrinne.

Bei der **Simile-Mahd-Alm (2)** trifft man wieder auf den Anstiegsweg.

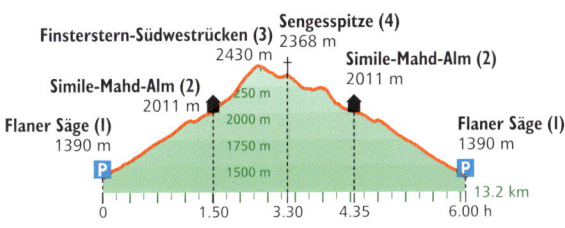

Zillertaler Alpen / Pfunderer Berge

9 Wilde Kreuzspitze, 3132 m

Von der Fanealm über den Wilden See

Auf den höchsten Gipfel der Pfunderer Berge
Die Wilde Kreuzspitze ist der höchste Berg der Pfunderer Berge. Das garantiert – klare Luft vorausgesetzt – schon mal eine sensationelle Aussicht, v. a. auf die Dolomiten im Süden und den Zillertaler Hauptkamm im Norden. Die hier vorgestellte Runde hat aber auch andere Highlights zu bieten, so z. B. einen wilden See (der nicht umsonst auch so heißt: es gibt Berichte, dass der 46 m tiefe See bei bestimmten Wetterlagen brüllt) und eine urgemütliche Alpenvereinshütte. Diese, die Brixner Hütte, erreichen wir bei der hier beschriebenen Runde im Schlussdrittel einer Tagestour. Tatsächlich kann man die Wilde Kreuzspitze trotz ihrer Höhe und Abgelegenheit an einem Tag »machen«. Wer will, kann natürlich auch eine Übernachtung einplanen und die Tour andersherum gehen; mit der Wurmaulspitze am Abend hat dann auch noch ein weiterer Dreitausender im Wochenendprogramm Platz.

Am Südufer des Wilden Sees, mit 11,5 ha der größte natürliche See der Pfunderer Berge. Im Hintergrund die Wilde Kreuzspitze und (rechts davon) das Rauhtaljoch.

KURZINFO

Talort: Vals, 1353 m, im Valser Tal; Zufahrt auf gut ausgebauter Straße von Mühlbach am westlichen Ende des Pustertals, nahe der Ausfahrt Brixen-Nord der Brennerautobahn. Bus 411 von Brixen (Bhf. der Brennerbahn) über Mühlbach (Bhf. der Pustertalbahn).
Ausgangspunkt: Parkplatz, 1720 m, 10 Gehminuten vor der Fanealm, 1739 m; Zufahrt auf sehr schmaler und stellenweise auch sehr steiler Asphaltstraße; Einschränkung für Privat-Pkw: an Wochenenden (im August auch wochentags) Auffahrt nur bis 9:00 und ab 17:00 Uhr frei, tagsüber Kleinbus-Pendeldienst.
Gehzeit: 8 Std.
Höhenunterschied: 1450 m.
Anforderungen: Relativ leichter Dreitausender, trotzdem stramme Bergtour, die Trittsicherheit und Ausdauer verlangt; knapp unterhalb des Sees eine unauffällig exponierte Stelle; bei Nebel oder Neuschnee sind alpine Erfahrung und Orientierungssinn gefordert.
Einkehr/Übernachtung: Labesebenalm, 2138 m; Brixner Hütte, 2307 m (AVS, Tel. +39 0472 547131); zum Abschluss lockt die Fanealm mit der Gatterer Hütte,

Zillertaler Alpen / Pfunderer Berge

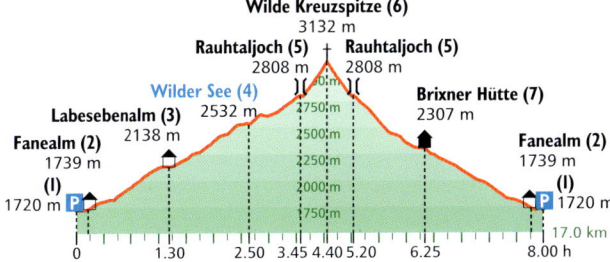

1739 m, und Zingerlehütte, 1697 m.
Variante: Von der Brixner Hütte auf beschildertem Pfad an die östliche Talseite, daran talaus durch steiles Gras-/Schrofengelände aufwärts queren, nach abschüssiger Bachkerbe erst Richtung Joch »In der Enge«, dann zielstrebig nach links hinauf; schließlich durch alpines Felsgelände (mit Stahlseil) zum Gipfel der Wurmaulspitze, 3022 m (von der Hütte in 2 Std. hinauf, auf gleichem Weg in knapp 1½ Std. zurück) – ein ideales Extra-»Zuckerl«, wenn man eine Übernachtung auf der Hütte einplant.
Karten: Tabacco 1:25.000, Blatt 37: Hochfeiler, Pfunderer Berge.

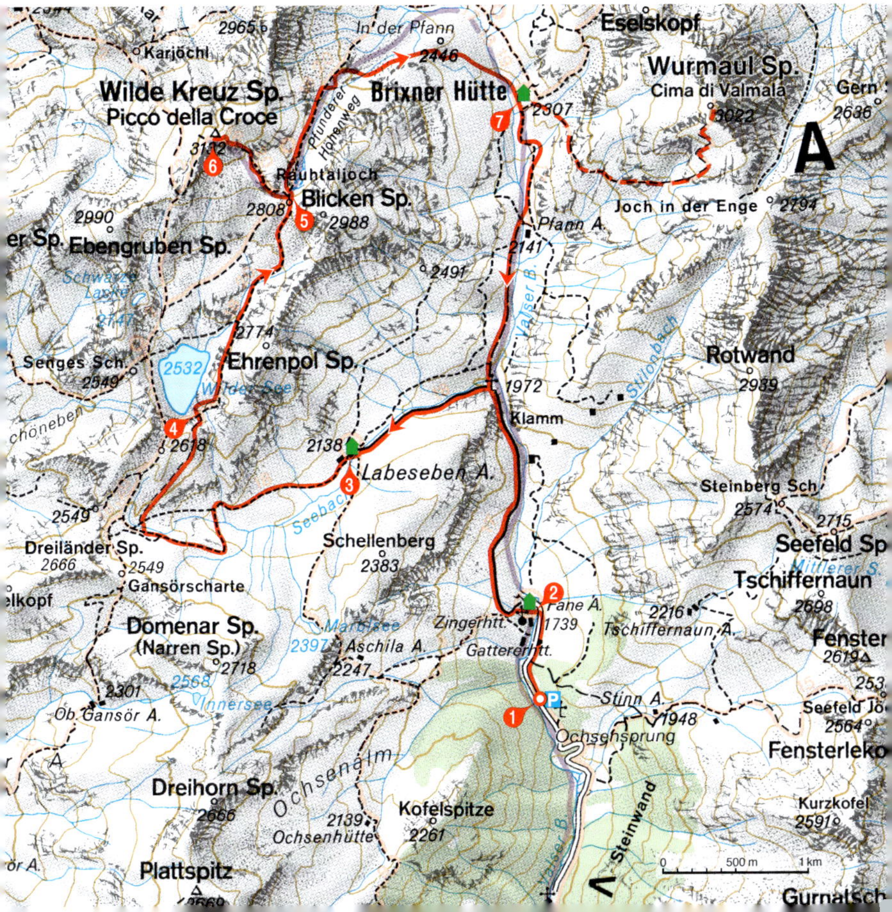

Am Weg zur Wurmaulspitze (Variante). Blick über die Brixner Hütte in den Talkessel »In der Pfann«. Rechts hinten die Grabspitze.

Blick über die Fanealm zur Talenge »Schramme«.

Vom **Parkplatz (1)** spazieren wir auf dem Fahrweg talein zur **Almsiedlung Fane (2)**, 1739 m. Dort kurz nach links hinauf. Den Weg 9 lassen wir links liegen und ziehen mit dem Weg Nr. 17 talein. Nach einer eindrucksvollen Talenge, der Schramme, zweigen wir mit dem Weg 18 nach links ab. Bei der **Labesebenalm (3)**, 2138 m, endet der Fahrweg.

Über eine Mauer zwischen Bach und Almgebäude setzen wir den Weg fort. Er leitet zur Talkerbe des Seebachs und von dort weit nach links ausholend über die folgende Geländestufe. An den Hängen der Seeleite ist der Weg kurzzeitig etwas ausgesetzt. Nach kurzem Abstieg folgen wir beim Abfluss des **Wilden Sees (4)**, 2532 m, dem Weg, der rechts oberhalb des Sees vorbeiführt. Auf den letzten Metern unter dem **Rauhtaljoch (5)**, 2808 m, ist oft noch ein Schneefeld zu überqueren. Der Gipfelabstecher beginnt mit einer ansteigenden Querung zu einem Plateau. Dort nach rechts zum Ostrücken und über Schrofengelände auf die **Wilde Kreuzspitze (6)**, 3132 m.

Zurück am Rauhtaljoch, steigen wir vom Fuß der Blickenspitze nach Norden hinab. Wenn der Schnee noch bis oben hin reicht (früher gab es dort Gletschereis, 1989 stürzte dort ein Bergsteiger 15 m tief in eine Spalte), gehen wir über möglichst wenig abschüssige Hangpartien auf die linke Seite des Firnfeldes. Dort leitet ein steiniger Pfad in den Talkessel **»In der Pfann«**. Wir überqueren einen Bach mit etwas kniffliger Uferkante und schlendern schließlich zur kleinen, gemütlichen **Brixner Hütte (7)**, 2307 m. Auf dem nicht zu verfehlenden Hüttenweg entlang dem Valser Bach bummeln wir zurück zum **Parkplatz (1)**.

Zillertaler Alpen / Pfunderer Berge

Napfspitze, 2888 m

Aus dem Pfunderer Tal über die Edelrauthütte ★★

Felsige Aussichtsloge vor den Zillertaler Eisriesen
Dem Zillertaler Hauptkamm südlich vorgelagert, erhebt sich mit der Napfspitze ein rassiger Felsberg mit hervorragender Aussicht. Wer auf der neu gebauten Edelrauthütte übernachtet, kann von dort aus als hochtourenerfahrener Alpinist (oder mit einem Bergführer) auch einen noch rassigeren Gipfel am Hauptkamm besteigen: den Hohen Weißzint.

KURZINFO

Talort: Pfunders, 1158 m, im Pfunderer Tal; Zufahrt von Niedervintl, 755 m, im Pustertal. Bus 418 von Vintl (Bhf.).
Ausgangspunkt: Dun, im hintersten Pfunderer Tal; Parkplatz, 1445 m.
Gehzeit: 8½ Std.
Höhenunterschied: 1470 m.
Anforderungen: Trittsicherheit, Felsgewandtheit und etwas Schwindelfreiheit. Die Variante ist eine Hochtour.
Einkehr: Edelrauthütte, 2545 m (Eisbruggjochhütte, Tel. +39 340 6604738).
Variante: Hoher Weißzint, 3380 m, 3 Std. Aufstieg ab Hütte, nur für erfahrene Alpinisten mit entsprechender Ausrüstung. Nördl. der Hütte auf mark. Weg zu einer Ufermoräne, die zum Weißzintkees leitet; der »Winterweg« (vorteilhaft bis Juli) führt links zur Oberen Weißzintscharte, dann nordwestl. des Grats auf dem Rand des Gliderferners (Spalten – Gletscherausrüstung!) zu einem Bergschrund; über die Firnflanke darüber (35°–40°, Steigeisen!) zum blockigen, leichten Gipfelgrat hinaufqueren. Alternativ kann man vor der Oberen Weißzintscharte rechts in die Felsen und am Grat des Vorgipfels aufsteigen (Schwierigkeitsgrad II, brüchig und ausgesetzt!).
Karten: Tabacco 1:25.000, Blatt 037: Hochfeiler, Pfunderer Berge.

Napfspitze und Eisbruggsee – links Eisbruggjoch mit alter Edelrauthütte.

Zillertaler Alpen / Pfunderer Berge

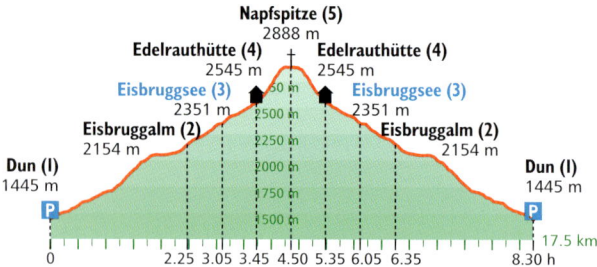

Vom Parkplatz in **Dun (1)** gehen wir auf dem linken Asphaltsträßchen (also nicht zur Heuschupfe) aufwärts. Nach einem Rechtsbogen ignorieren wir erste abzweigende Wege und Zufahrten. Bei einer Linkskehre folgen wir der nach rechts abzweigenden Zufahrt zum **Luzerhof**. Dort führt unser Weg Nr. 13 dann nach links auf einen Fahrweg. Den verlassen wir vor einer Brücke der Wegweisung folgend nach rechts. Nach erneuter Bachüberquerung geht es über einen steilen Wiesenhang bergan. Danach wandern wir in die Talkerbe der Eisbrugge (wo übersommernder, vereister Lawinenschnee früher eine Brücke bildete). Der Weg zieht nun hinauf zur **Eisbruggalm (2)**, 2148 m. Weiter talein passiert der Weg den wunderbaren **Eisbruggsee (3)**, 2351 m, und leitet hinauf zur neuen **Edelrauthütte (4)**, 2545 m, am Eisbruggjoch.

Der Gipfelanstieg ist auf einigen Karten durch die Nordwestflanke eingezeichnet. Der richtige Weg verläuft anders: Von der Hütte braucht man nur nach Süden auf den Bergrücken zugehen und dem ansteigenden Pfad folgen. Dieser verliert sich zwar immer wieder in den teilweise brüchigen Felsen, ist an diesen Stellen aber für ein geschultes Auge ganz passabel markiert (Rot-Weiß-Rot mit der Nr. »6«, dazwischen rote Punkte). Mit Hilfe einiger Sicherungen erklimmen wir ein mit Steinmännern geschmücktes **Felsköpfl**, hinter dem es wieder einige Meter bergab geht. Danach durchquert man eine erdige Schrofenzone, in der die Markierungen besonders willkommen sind. Schließlich quert der Steig nach rechts zu einem **Sattel**. Den anschließenden Felskopf passiert man auf wieder deutlichem Weg, bevor schließlich eine kurze, aber etwas ausgesetzte

Der Talkessel von Dun, rechts die »Heuschupfe«.

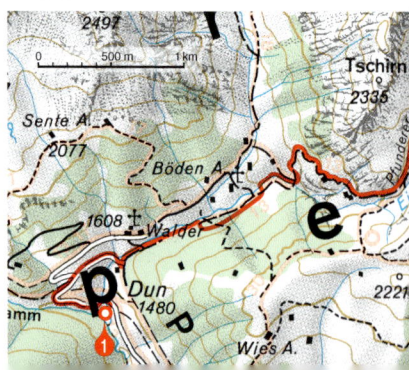

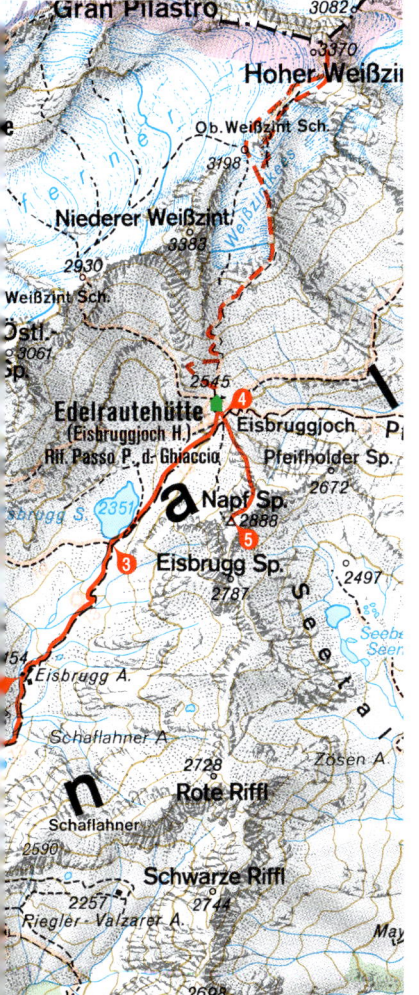

Am Hohen Weißzint (Variante): Blick zum Grat, an dem der Felsanstieg verläuft. Dahinter die Obere Weißzintscharte, von der die Spuren des Winterwegs über den Rand des Gliderferns und eine Firnflanke ziehen.

Steilstufe von rechts her erklommen wird. Wenige Meter weiter ist der Gipfel der Napfspitze (5), 2888 m, erreicht.

Beim Rückweg heißt es gleich aufpassen. Die Routenführung durch die oberste Steilstufe (Bild unten) ist von oben nicht so eindeutig zu erkennen: Kurz vor dem Ende des Gipfelrückens geht es kurz nach links hinunter, wobei das brüchige und abschüssige Schrofengelände von oben durchaus Respekt einflößt.

Der Gipfelstock der Napfspitze, in der Tiefe der Eisbruggsee.

Zillertaler Alpen

11 Hochfeiler, 3509 m

Über die Hochfeilerhütte und den Südgrat

Auf den höchsten Berg der Zillertaler Alpen

Die Zillertaler Alpen sind ein wildes Gebirge mit anspruchsvollen Felsgraten und spaltigen Gletschern. So wundert es nicht, dass die höchsten Berge dieser Gebirgsgruppe größtenteils erfahrenen Hochalpinisten vorbehalten sind. Zu den wenigen Ausnahmen, die bei guten Wetter- und Schneebedingungen für hochgebirgserfahrene Bergwanderer erreichbar sind, zählt akkurat der allerhöchste Gipfel, der Hochfeiler. Das erstaunt umso mehr, als gerade der Hochfeiler wegen seiner Nordwand bekannt ist, die als eine der klassischen Eiswände der Ostalpen gilt. Die kann man vom Gipfel (mit großer Vorsicht) besonders eindrucksvoll auf sich wirken lassen: Vergleichbar spektakuläre Tiefblicke erleben sonst nur Steileiskletterer.

KURZINFO

Talort: St. Jakob in Pfitsch, 1449 m, Zufahrt von Sterzing. Bus 311 von Sterzing (Bhf.) bis Stein.
Ausgangspunkt: 3. Kehre, 1715 m, der Schotterstraße zum Pfitscher Joch; Parkflächen kurz davor (3½ km nach Stein).
Gehzeit: 10 Std. (am besten mit Übernachtung auf der Hochfeilerhütte, dann knapp 3½ + gut 6½ Std.).
Höhenunterschied: 1850 m.
Anforderungen: Bergtour, die vor allem im Frühsommer – wenn sich der

Rast beim Hüttenanstieg. Rechts die Gletscherzunge des Gliderferners, am Hang links darüber erkennt man die Hochfeilerhütte, ganz links oben ragt der Hochfeiler-Gipfel mit seiner Firnschneide in den Himmel.

Wenn die Firnschneide am Südgrat im Spätsommer weit genug zurückgeschmolzen ist, wird daneben eine Schrofenrampe frei (hier mit frischem Neuschnee überzuckert), über die man relativ leicht zum Gipfelkreuz gelangt.

Gipfelgrat noch als reiner Firngrat zeigt – Hochtourencharakter haben kann. Dann können Steigeisen und Pickel vorteilhaft sein. Aber auch bei guten Bedingungen im Spätsommer braucht man neben Trittsicherheit etwas Felsgewandtheit und Schwindelfreiheit. Angesichts der Höhe auf gutes Wetter achten!

Einkehr/Übernachtung: Hochfeilerhütte, 2710 m (AVS, Tel. +39 0472 646071, www.hochfeilerhütte.it).

Variante: Auf einem direkteren Weg kann man sich den kleinen Umweg (5–10 Minuten) über die Hochfeilerhütte sparen, sofern man auf eine Übernachtung bzw. eine Einkehr beim Abstieg verzichten will.

Karten: Freytag & Berndt 1:50.000, WK 152: Mayrhofen, Zillertaler Alpen. Tabacco 1:25.000, Blatt 37: Hochfeiler, Pfunderer Berge. AV-Karte 1:25.000, Blatt 35/1: Zillertaler Alpen, westliches Blatt.

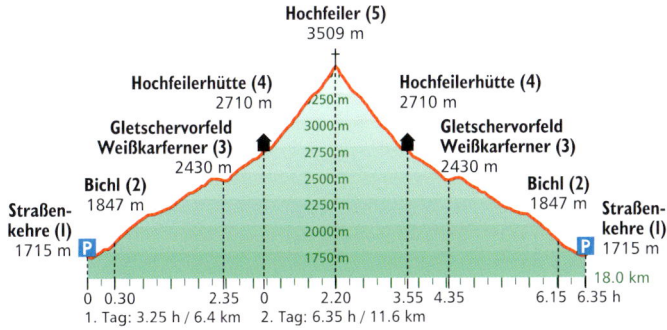

Zillertaler Alpen

Am Weg Richtung Gipfel – Blick auf die Hütte und den Gliderferner.

1 Tag: Bei der **Straßenkehre (1)** zweigt unser Weg Nr. 1 ab und führt erstmal zum **Bach**. Den überqueren wir bald auf einer Brücke. Auf der anderen Seite steigen wir hinauf zu einigen Heuhütten – **Bichl (2)**, 1847 m –, passieren diese und gewinnen dabei zügig an Höhe. Darauf folgt eine Wanderung, die hoch am Hang talein führt. Wo das Tal »umbiegt«, wird das Gelände abschüssig und der Pfad schmal – hier schadet es nicht, etwas Trittsicherheit mitzubringen (für Hüttenwanderer die »Schlüsselstelle«).

Oberhalb des ehemaligen Betts des Gliderferners quert der Weg ins **Gletschervorfeld (3)** des Weißkarferners. Nach der Überquerung von dessen Abfluss, 2430 m, steigt der Weg mit einigen Serpentinen nach rechts hinauf an und leitet durch Moränengelände zur **Hochfeilerhütte (4)**, 2710 m.

2. Tag: Von der Hütte führt der Anstiegsweg erst mal in die vermeintlich falsche Richtung: Talaus, aber aufwärts streben wir auf eine Felsstufe zu, die mit Hilfe einiger Sicherungen ohne größere Probleme zu überwinden ist. Oben angekommen, wenden wir uns nach rechts und folgen dem Steig, der zwischen vielen originellen Steinmännern über eine große breite Rampe bergan führt. Die verengt sich schließlich doch zu einem Felsrücken. Über diesen wechselt der Steig auf die linke Seite. Oberhalb des riesigen Firnbeckens des Weißkarferners streben wir nun auf den finalen **Südgrat** des Hochfeilers zu. Sollte sich sein elegantes Firndach über die ganze Breite des Grats ausbreiten, kann das Gipfelfi-

Zillertaler Alpen

Blick vom Gipfel nach Osten. In der Tiefe Nordwand und Furtschaglkees.

nale zur hochalpinen Herausforderung werden. Im Spätsommer aber wird rechts neben dem dann kleinen Firngrat meist eine Schuttrampe frei, über die man relativ kommod auf den Gipfel des **Hochfeiler (5)**, 3509 m, steigen kann.
Abstieg auf dem Anstiegsweg.

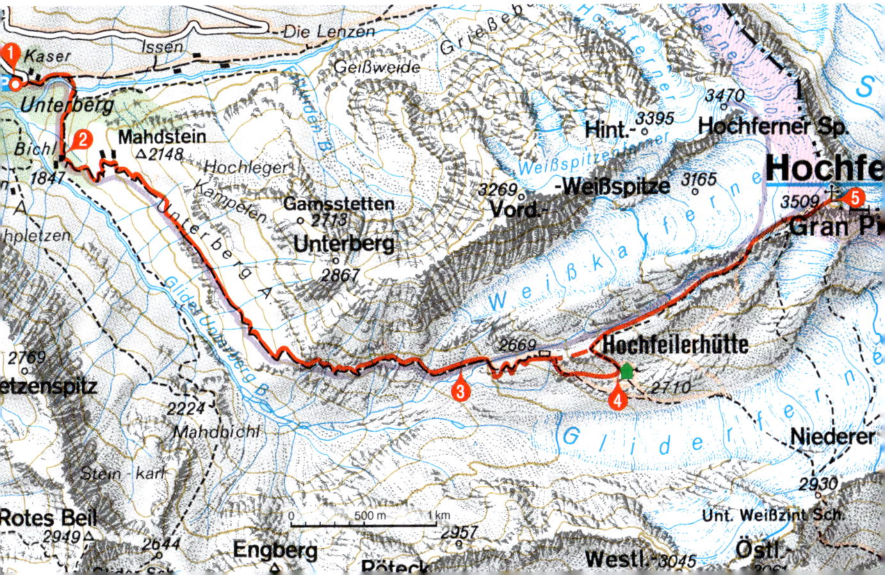

Zillertaler Alpen

12 Neveser Höhenweg, bis 2670 m

An der Sonnenseite des Zillertaler Hauptkamms

Alpine Rundtour über dem Neves-Stausee

Zwischen der Edelrauthütte und der Chemnitzer Hütte zieht ein spaktakulärer Bergpfad durch die Südhänge des Zillertaler Hauptkamms: der Neveser Höhenweg. Wer ihn begeht, erlebt eine urwüchsige Hochgebirgsszenerie mit blumenübersäten Mooren und gischtsprühenden Gletscherbächen.

KURZINFO

Talort: Lappach, 1436 m, im Mühlwalder Tal; Bus 451 von Sand in Taufers.
Ausgangspunkt: Parkplatz, 1860 m, am Nevesstausee; schmale Zufahrt!
Gehzeit: 7½ Std.
Höhenunterschied: 1150 m.
Anforderungen: Zur Edelrauthütte unproblematisch (blau); für den Höhenweg Trittsicherheit, stellenweise auch Schwindelfreiheit. Schmelzwasserbäche können an heißen Nachmittagen gefährlich anschwellen. Im Frühsommer abschüssige – vormittags oft gefrorene – Schneefelder (Schwierigkeit dann »schwarz«).
Einkehr/Übernachtung: Edelrauthütte, 2545 m (Eisbruggjochhütte, Tel. +39 340 6604738); Chemnitzer Hütte, 2416 m (Nevesjochhütte, CAI, Tel. +39 0474 653244); Untermaureralm, 1860 m.
Variante: Direktabstieg zum See (ab Wegpunkt 4, beschildert), gesamt 5 Std.
Karten: Freytag & Berndt 1:50.000, WK 152: Mayrhofen, Zillert. Tabacco 1:25.000, Blatt 37: Hochfeiler, Pfunderer Berge.

Schneefeldquerung Ende Juli.

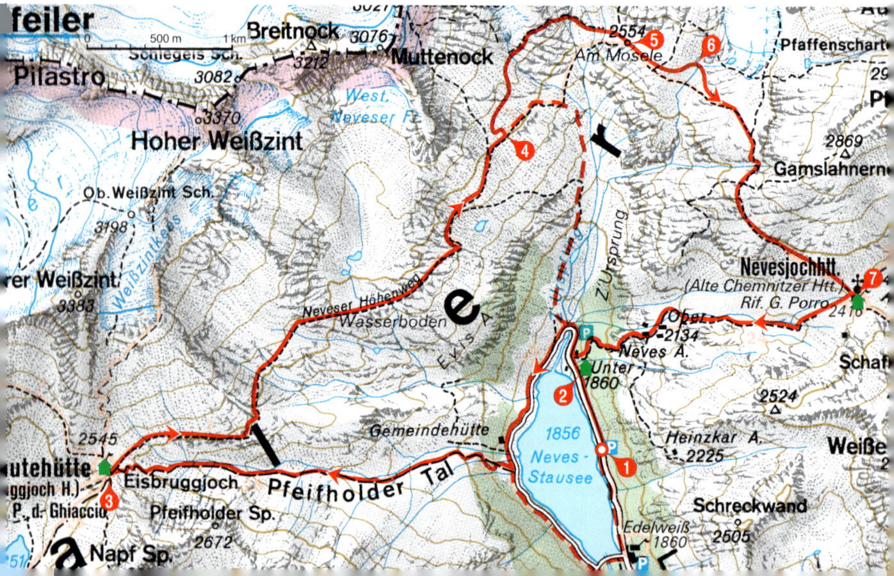

Zunächst gilt es, auf die gegenüberliegende Seite des **Nevesstausees (1)**, 1860 m, zu kommen – entweder über die Staumauer oder über die **Untermaureralm (2)** und den Ursprungbach. Auf dem Weg 26 steigen wir zwischen Almrosen an und überqueren dann einen Almboden. Durch eine »Steinwüste« erreicht man die **Edelrauthütte (3)**, 2545 m, am Eisbruggjoch.

Von der Hütte nehmen wir den hangquerenden Weg nach Osten. Der führt als teils rauer Steig auf rund zweieinhalbtausend Metern mit häufigem Auf und Ab durch die Vorfelder der Reste des Nevesferners und – teils an Halteseilen – über dessen Schmelzwasserbäche. Trifft man auf Schneefelder, die Abrutsch- und Einbruchgefahr (Schmelzlöcher unter der Harschdecke) beachten!

Nach der **Abzweigung (4)** des Direktabstiegs steigt man auf neuer Wegtrasse zu einem Gletschersee auf. Es folgen Moränen des 19. Jh., das Feuchtgebiet **Am Mösele (5)**, der Abfluss des Großen Nevesferners **(6)** und die **Chemnitzer Hütte (7)**, 2424 m, am Nevesjoch.

Der Neveser Höhenweg quert durch die Vorfelder aller abgebildeter Gletscher. Alles überragend in Bildmitte: der Große Möseler (Tour 13).

Einer der zu überquerenden Schmelzwasserbäche.

Auf bequemem Weg – im unteren Teil auch auf Abkürzungspfaden – geht es hinab zur **Untermaurer Alm (2)**, 1867 m, wo ein leckerer Kaiserschmarrn zur Einkehr lockt. Am Uferweg sind es nur noch wenige Minuten zum **Parkplatz (1)**.

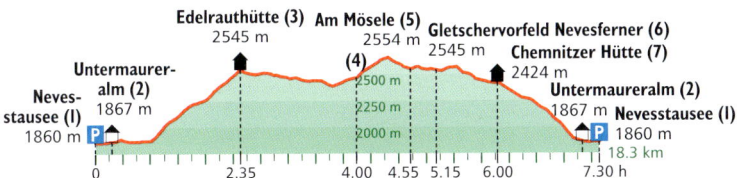

Zillertaler Alpen

13 ▶ Großer Möseler, 3480 m

Südanstieg von der Chemnitzer Hütte

Hochalpine Route über einst vergletschertes Gelände
Mittlerweile hat sich herumgesprochen, dass der Gletscherschwund auch an der Südseite des zweithöchsten Berges der Zillertaler Alpen einen gletscherfreien Anstieg ermöglicht hat. Von einem Wanderweg – wie mancherorts zu lesen – kann aber keinesfalls die Rede sein. Man braucht zwar keine Gletscherspalten mehr zu fürchten, muss sich aber trotzdem auf eine hochalpine Bergtour einstellen, die im Gipfelbereich vorsichtiges Klettern erfordert – in Felsgelände des 1. Schwierigkeitsgrades, das ziemlich brüchig ist. Ansonsten ist man auf weite Strecken in einem Areal unterwegs, das bis vor kurzem für mindestens 5000 Jahre von Gletschereis bedeckt war und stellenweise auch noch von Eisresten durchsetzt ist. Vielleicht findet dort mal jemand einen »Zilli«, einen Zeitgenossen von »Ötzi« …

KURZINFO

Talort: Lappach, 1436 m, im Mühlwalder Tal; Bus 451 von Sand in Taufers.
Ausgangspunkt: Parkplatz, 1860 m, am Nevesstausee; sehr schmale Zufahrt.
Gehzeit: 10 Std. (mit Übernachtung in der Chemnitzer Hütte 2 + 8 Std.)
Höhenunterschied: 1800 m.
Anforderungen: Zur Hütte leichter Bergweg (»blau«); sonst hochalpine Bergtour mit Firnpassagen und leichter Kletterei (stellenweise I) am brüchigen, steinschlaggefährdeten Gipfelaufbau. Nur für felserfahrene, schwindelfreie Bergsteiger!
Einkehr/Übernachtung: Untermaureralm, 1860 m; Chemnitzer Hütte, 2416 m (Nevesjochhütte, CAI, Tel. +39 0474 653244).
Karten: Freytag & Berndt 1:50.000, WK 152: Mayrhofen. Tabacco 1:25.000, Blatt 37: Hochfeiler, Pfunderer Berge.

Anstieg zum Großen Möseler. Zum Schluss steigt man aus dem Sattel rechts des Gipfels (Bildmitte) durch eine Felsmulde knapp neben dem Ostgrat.

Zillertaler Alpen

1. Tag: Am Ostufer des Nevesstausees (1), 1860 m, folgen wir dem Fahrweg talein, passieren die Untermaureralm (2) und zweigen dann nach rechts ab auf den ansteigenden Wanderweg. Der kreuzt bis zur Nevesalm mehrmals deren Versorgungsweg und zieht dann mäßig ansteigend zum Nevesjoch, 2416 m. Knapp darüber steht die Chemnitzer Hütte (3), 2424 m.

2. Tag: Nun geht es kurz zurück zum Nevesjoch hinab. Gegenüber folgen wir dann mit einer ansteigenden Hangquerung dem Neveser Höhenweg. Nach einer bis in den Frühsommer schneegefüllten Rinne (wenn gefroren, ggf. Steigeisen anziehen) senkt sich der Weg bald in das Gletschervorfeld (4) des Nevesferners. Einen Wegweiser zum Turnerkamp ignorieren wir.

Nach Überquerung der Schmelzwasserbäche folgen wir dem Neveser Höhenweg noch ein Stück talaus, bevor wir nach rechts abzweigen und uns von dem unübersehbaren Moränenwall (5) in die Höhe leiten lassen. Unten ist der Wall breit und flach, nur abschnittsweise mit unscheinbaren Trittspuren; weiter oben verläuft ein deutlicher Weg auf der Krone der hier nur rund 160 Jahre alten, daher steiler geböschten Ufermoräne.

Wo das Gelände flacher wird, kommt man in ein Areal, das noch

im 20. Jh. von Gletschereis bedeckt war. Hier gilt es, genau den Steinmandln zu folgen, um sicher und

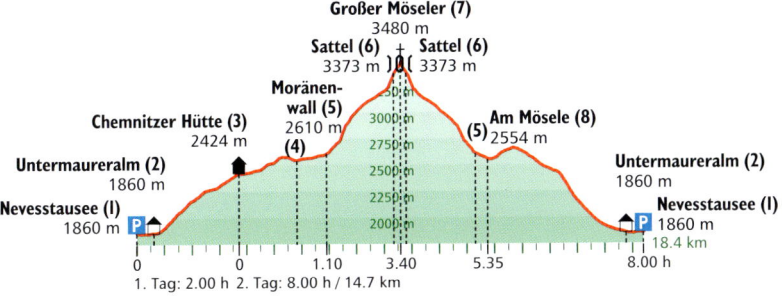

Aussichtsreiche Brotzeitplätze auf den Zentralgneisblöcken am Großen Möseler.

kraftsparend über die Gletscherschliffe und Firnflecken navigieren zu können. Am Fuß von Möselenock und -kopf queren wir über kleine Eisreste in den hintersten Karboden. Über Schutt (teils auf Toteis) und Schnee geht es dann steil hinauf in Richtung des **Sattels (6)**, 3373 m, zwischen Kleinem und Großem Möseler. Die Kammlinie können wir knapp links über dem Sattel erreichen – dort eröffnet sich ein umwerfender Tiefblick auf die wild vergletscherte Nordseite des Hauptkamms. Richtung Gipfel klettern kurz an einer Rippe bergan, steigen dann nach links schräg aufwärts über eine breite, brüchige Rinne zu den Felspartien links davon. Daran klettert man vorsichtig auf einen Absatz knapp südlich des Gipfels. Von dort geht es schließlich problemlos hinauf zum Gipfelkreuz auf dem **Großen Möseler (7)**, 3480 m.

Der Abstieg erfolgt zunächst auf bekanntem Weg. Wo die steil geböschte Moräne nach unten hin abflacht, folgen wir den Steigspuren, die nach rechts zum grünen Moorgebiet **Am Mösele (8)**, 2554 m, hinabführt. Bei einer Brücke schwenken wir nach rechts auf den **Neveser Höhenweg** ein. Dem folgen wir auf neuer, zwischendurch aufwärtsführender Wegtrasse, bis uns ein Wegweiser nach links zum **Nevesstausee** hinabschickt. Für eine abschließende Einkehr bietet sich die **Untermaueralm (2)**, 1860 m, kurz vor dem Parkplatz **(1)** an.

Am Gipfelanstieg; Blick auf den Kleinen Möseler und den Turnerkamp (links).

Zillertaler Alpen / Pfunderer Berge

Hochgrubbachspitze, 2809 m

Über die Tiefrastenhütte und den Ostgrat ★★★

Paradeberg zwischen Pfunderer und Mühlwalder Tal
Der tiefgrüne Tiefrastensee wirkt an heißen Sommertagen manchmal wie ein Badesee; ins Wasser trauen sich aber meist doch nur wenige, besonders Abgehärtete. Hier wurde schon 1912 die Fritz-Walde-Hütte gebaut. Nachdem sie 1944 niedergebrannt worden war, wurde 1978 die heutige Tiefrastenhütte eingeweiht. Wer sich eine Nacht auf ihr gönnt, kann neben der Hochgrubbachspitze ohne Zeitprobleme auch die Kempspitze besteigen.

KURZINFO

Talort: Terenten, 1209 m, auf der Pusterer Sonnenterrasse; Zufahrt aus dem Pustertal von Niedervintl oder Kiens. Bus 431 von Bruneck (Bhf. der Pustertalbahn).
Ausgangspunkt: Parkplatz, 1415 m, im Winnebachtal; Zufahrt auf 2 km langem Sträßchen; beschilderte Abzweigung von der Straße Terenten – Pfalzen, wenige Kilometer östlich von Terenten beim Weiler Ast neben einer Kurvenbrücke.
Gehzeit: 7½ Std.
Höhenunterschied: 1400 m.
Anforderungen: Bis zur Hütte leichte Wanderung (»blau«); für die Hochgrubbachspitze – wie auch für die Kempspitze – sind Trittsicherheit sowie etwas Schwindelfreiheit und Felsgewandtheit erforderlich (knapp Schwierigkeitsgrad I).
Einkehr/Übernachtung: Astnerbergalm, 1622 m (auf der Karte »Alpegger Alm«, 1641 m); Tiefrastenhütte, 2312 m (AVS, Tel. +39 334 9896370).
Variante: Gipfelabstecher auf die Kempspitze, 2704 m (1 Std. rauf, ¾ Std. runter): Oberhalb der Hütte und des Sees vom Pfunderer Höhenweg rechts ab und den Bodenmarkierungen folgen. Auf teils schwachen Pfadspuren einer Schuttzunge nach rechts ausweichen, aber oberhalb der Karschwelle bleiben. Mit zunehmender Höhe durchquert der Weg dann doch eine Zone mit großen Blöcken, um dann durch eine steile Gras-/Schrofenzone halblinks Richtung Grat zu leiten. Schließlich geht's über weiteres Schrofengelände nach rechts etwas exponiert zum Gipfel.
Tipp: Wenn's heiß ist, Badesachen nicht vergessen!
Karten: Tabacco 1:25.000, Blatt 33: Pustertal, Bruneck; Blatt 037: Hochfeiler, Pfunderer Berge.

Sommer am Tiefrastensee.

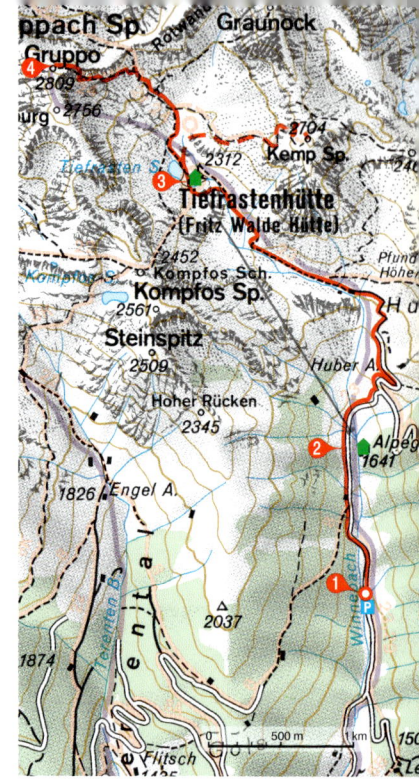

Über dem Wasserfall quert der Weg am Tiefrastenhütterl vorbei. Der rechte Gipfel ganz im Hintergrund ist die Hochgrubbachspitze.

Vom **Parkplatz (1)** folgen wir dem talein führenden Fahrweg Nr. 23. Die **Astnerbergalm (2)** auf der rechten Seite merken wir uns schon mal für einen Einkehrschwung kurz vor dem Tourenende. In einer Kehre ignorieren wir eine Abzweigung nach rechts und folgen dem Fahrweg nach links. Etwas später lassen wir den Almweg hinter uns und überqueren auf dem Wanderweg oberhalb des Wasserfalls den Winnebach. Gleich danach passieren wir das kleine, unbewirtschaftete Tiefrastenhütterl, 2028 m, und machen uns an den Schlussanstieg zur **Tiefrastenhütte (3)**, 2312 m.

Rechts am herrlichen **Tiefrastensee** vorbei, folgen wir dem Pfunderer Höhenweg mit anfangs sanfter, dann zunehmender Steigung in den oberen Talkessel. Bevor der

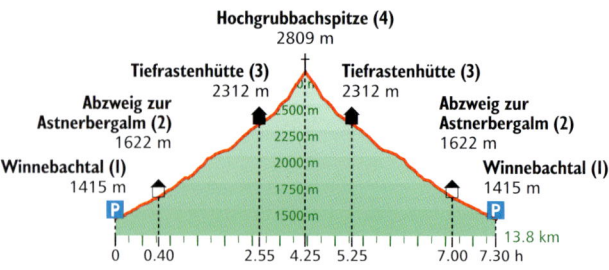

Auf der Hochgrubbachspitze. Rechts unten der Tiefrastensee mit der Hütte.

Pfunderer Höhenweg richtig steil in die Hochsägescharte hinaufführt, verlassen wir ihn nach links und kraxeln auf dem Steig 24 über einen schrofigen Felsabsatz (markiert) hinauf. Nach dieser Schlüsselstelle folgt eine ansteigende Querung, bis der Pfad nach rechts hinauf zum Ostgrat führt. Dieser leitet schließlich in anregender, aber nicht wirklich schwieriger Kraxelei zur großen Steinpyramide auf dem Gipfel der **Hochgrubbachspitze (4)**, 2809 m. Abstieg auf dem Anstiegsweg.

Die letzten schrofigen Meter zum Gipfel der Kempspitze (Variante).

Zillertaler Alpen / Pfunderer Berge

15 Eidechsspitze, 2738 m

Von Terenten über die Kompfoss-Seen

Die »Hegedex«, einer der aussichtsreichsten Pusterer Wanderberge

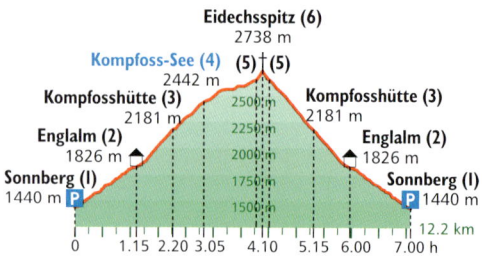

Ein eingesessener »Puschtrrer« wird wohl kaum je »Eidechsspitze« sagen – »Hegedex« ist dort nämlich die Bezeichnung für das Reptil wie auch für diesen Berg. Der bietet auf der beschriebenen Runde über die Kompfoss-Seen ein richtig rundes Bergerlebnis.

KURZINFO

Talort: Terenten, 1209 m, auf der Pusterer Sonnenterrasse; Zufahrt aus dem Pustertal von Niedervintl, Kiens oder Stegen bei Bruneck. Bus 421 von Bruneck (Bhf. der Pustertalbahn).
Ausgangspunkt: Parkplatz, 1440 m, im Terentental oberhalb der Terner Mühlen; Zufahrt vom westlichen Ortsrand von Terenten, dort Richtung »Margen, Sonnberg« bergauf fahren; im Wald nach rechts auf die Sonnbergstraße abzweigen, dann am Waldrand scharfer Linkskurve folgen; nach Passieren einiger Bauernhöfe erreicht man bei einer scharfen Linkskehre am Waldrand die Parkfläche.
Gehzeit: 7 Std.
Höhenunterschied: 1340 m.
Anforderungen: Gute Kondition, für die stellenweise schrofige Querung nach den Kompfoss-Seen auch Trittsicherheit.
Einkehr: Englalm, 1826 m.
Variante: Wer im Aufstieg nicht über den Kompfoss-See geht, sondern am beschriebenen Abstiegsweg gleich direkt aufsteigt, spart sich etwa eine Stunde Gehzeit.
Karten: Tabacco 1:25.000, Blatt 33: Pustertal, Bruneck; Blatt 37: Hochfeiler, Pfunderer Berge.

Von der Kehre (1) gehen wir auf dem Teersträßchen 200 m Richtung Hauerhof bergan. Wo die Leitplanke auf der linken Seite kurz unterbrochen ist, wechseln wir nach rechts auf einen leicht zu übersehenden Weg in den Wald. Bald treffen wir auf einen Fahrweg und folgen ihm aufwärts (abzweigenden Rückeweg ignorieren). Nach dem Wald passieren wir die Raffaltalm, 1732 m, und kurz darauf die bewirtschaftete **Englalm (2)**, 1826 m.
Nach der Asenalm überwindet der deutliche Pfad bald steilere Hänge. Direkt hinter der **Kompfossalm (3)**,

Englalm: Wirt mit Alphorn.

Blick über den Kleinen Kompfoss-See auf die Ostseite der Eidechsspitze.

2181 m, zweigt ein schmaler Pfad (8K) nach rechts ab. Er leitet durch teils steiles Mattengelände hinauf zum Kompfoss-See (4), 2442 m. In dessen Nähe treffen wir auf den Weg von der Tiefrastenhütte. Dem folgen wir hier nach links. Auf einem wunderschönen Höhenweg passieren wir bald den Kleinen Kompfoss-See, 2531 m, und nach Querung einer schrofigen, stellenweise etwas abschüssigen Flanke erreichen wir die Kammlinie an einem Sattel, 2605 m. In einem Linksbogen leitet der Pfad zum Ostrücken (5) der Eidechsspitze und trifft dort auf den direkten Anstiegsweg. Auf diesem nach rechts gelangt man kurz darauf zum Gipfelkreuz auf der Eidechsspitze (6), 2738 m.

Beim Abstieg folgen wir dem direkten Weg, der über den Ostrücken weiter hinabführt und durch weites, felsdurchsetztes Mattengelände zur Kompfossalm (3), 2181 m, leitet. Dort trifft man auf den Anstiegsweg. Darauf zum Ausgangspunkt (1).

Zillertaler Alpen / Pfunderer Berge

16 ▶ Erdpyramiden, Astnerbergalm, 1622 m

Auf Mühlen- und Panoramaweg zum Winnebach

Highlights der Pusterer Sonnenterrasse

Frei vom Durchgangsverkehr liegt der Ort Terenten auf der wunderbar aussichtsreichen Pusterer Sonnenterrasse – eine relativ unbekannte Perle mit vielen Möglichkeiten. Diese liegen nicht nur im alpinen Berggebiet über dem Dorf. Auch im nahen Umfeld, sozusagen im Spaziergänger-Radius, gibt es viel Interessantes zu entdecken. Eine herausragende Sehenswürdigkeit sind die Erdpyramiden. Sie bestehen aus besonders hellem Moränenmaterial eiszeitlicher Gletscher. Bei einem schweren Unwetter im Juli 1837 legte der Terner Bach das Geschiebe bloß – und riss 13 Menschen in den Tod. Jeder heftige Niederschlag nagt seither weiter an den Steinsäulen.

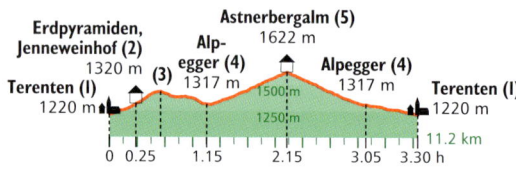

KURZINFO

Talort: Terenten, 1209 m, auf der Pusterer Sonnenterrasse; Zufahrt aus dem Pustertal von Niedervintl, Kiens oder Stegen bei Bruneck. Bus 421 von Bruneck (Bhf. der Pustertalbahn).
Ausgangspunkt: Parkplatz in der Ortsmitte, zwischen Hauptstraße und Pfarrkirche St. Georg.
Gehzeit: 3½ Std.
Höhenunterschied: 600 m.
Anforderungen: Leichte Genusswanderung.
Einkehr: Jenneweinhof bei den Erdpyramiden, ca. 1320 m; Astnerbergalm im Winnebachtal, 1622 m.
Variante: Wer auf den Abstecher zur Astnerbergalm verzichtet, spart sich rund 1¾ Std.
Tipp: Wenn man die Tour morgens oder am späten Nachmittag unternimmt, ist der Blick auf die Dolomiten eindrucksvoller, weil sie dann von der Seite angeleuchtet werden, wir sie also nicht im flauen Gegenlicht der Mittagszeit sehen.
Karten: Tabacco 1:25.000, Blatt 33: Pustertal, Bruneck.

Erdpyramiden im Terentental.

Blick über die Erdpyramiden und den Ort Terenten auf die Dolomiten. Am Waldrand ganz links im Bild verläuft der Panoramaweg.

Vom unteren Drittel des Dorfparkplatzes in Terenten (1) leitet ein Zebrastreifen über die Durchgangsstraße. Dem Wegweiser zu den Erdpyramiden folgen wir zwischen der Pension Aichner und einem alten Hofgebäude zum Bach. Neben einem wunderschön geflochtenen hölzernen Zaun passieren wir eine Hotelanlage und wandern auf einem Karrenweg talein. Wo der über den Bach führt, gehen wir geradeaus auf einem Wanderweg weiter. Bald führt auch der über den Bach. Nach der Brücke rechts, erreichen wir gleich die Jausenstation Jennewein (2), 1320 m, bei den Terentener Erdpyramiden.

Weiter bachaufwärts kommen wir zu den Terner Mühlen. Noch vor der obersten Mühle folgen wir dem Weg Nr. 2 nach rechts über den Bach. Am gegenüberliegenden Hang gehen wir rechts talaus am verlassenen Flitschhof (3), 1435 m, vorbei. Die folgende Abzweigung nach rechts ignorieren wir, passieren eine Liftstation und wandern am Waldrand nach Osten. Nach einem kurzen Stück im Wald gehen wir oberhalb des Alpegger Hofs (4) geradeaus und bei der gleich folgenden Verzweigung halb rechts hinab.

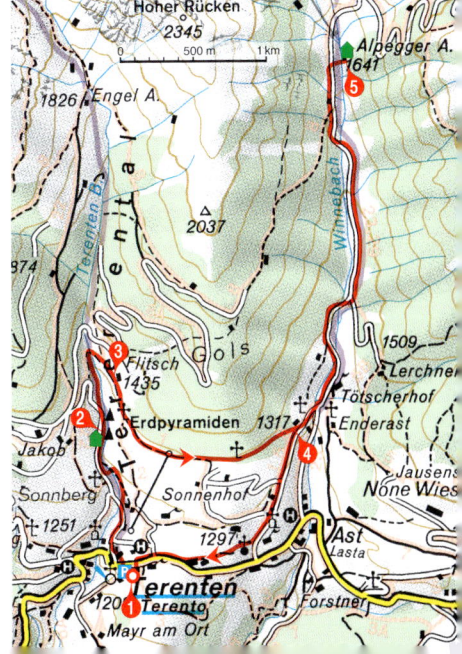

Zillertaler Alpen / Pfunderer Berge

Schließlich spazieren wir auf bequemem Sträßchen über den Parkplatz hinaus ins Winnebachtal hinein, bis rechts des Weges die **Astnerbergalm (5)**, 1622 m, auftaucht. Auf dem Anstiegsweg gehen wir zurück zum **Alpegger Hof (4)**. Dort nehmen wir das schmale Teersträßchen nach links hinab. Begleitet von Aussichtsbankerln führt es über eine Wiese und mit der Markierung 1 an einigen Häusern vorbei. Gegenüber dem **Haus Engl** zweigt vor einem Bauernhof rechts ein Feldweg ab, an dem gleich wieder eine Bank steht; am Baum dahinter bestätigt eine schwache rot-weiße Markierung, dass wir hier richtig sind. Der Weg führt durch eine Wiese in den östlichen Ortsteil von **Terenten**, durch den wir schräg hinunter zur Hauptstraße gelangen. Nach der Feuerwehr leitet ein Zebrastreifen hinüber zum großen Parkplatz in **Terenten (1)**.

Am Terentenbach knapp unterhalb der Jausenstation Jennewein.

Der alte Flitschhof. Unser Weg (links) quert darunter vorbei.

Zillertaler Alpen / Pfunderer Berge

Putzenhöhe, 2438 m

Über den Hohen Spitz und den Zwölferspitz ★★

Aussichtsreicher Abschnitt des Pfunderer Höhenwegs

Von dem relativ harmlosen, aber umso panoramaträchtigeren Teil des Pfunderer Höhenwegs über den Kamm zwischen Pustertal und Mühlwalder Tal kann man einen wesentlichen Abschnitt auch auf einer abwechslungsreichen Tagestour erleben. Dank eines hoch gelegen Parkplatzes auf der Südseite ist die Tour auch gar nicht so lang.

KURZINFO

Talort: Hofern, 1100 m, auf der Pusterer Sonnenterrasse zwischen Pfalzen und Terenten, direkte Zufahrt aus dem Pustertal von Kiens. Bus 421 von Bruneck.
Ausgangspunkt: Parkplatz Gelenke, 1580 m; Zufahrt auf schmaler Höfestraße, die wenige 100 m westlich des Lärchhofs und des Gasthofs Waldruhe auf freier Strecke nach Norden abzweigt (auffälligste Schilder: »Aschbach«, »Moarhofalm«).
Gehzeit: 5½ Std.
Höhenunterschied: 1030 m.
Anforderungen: Trittsicherheit angenehm; die beschriebene Aufstiegsroute in streckenweise fast weglosem Gelände verlangt v. a. gute Pfadfinder-Qualitäten.
Einkehr: Moarhofalm, 1833 m.
Variante: Wer den Abstiegsweg auch für den Aufstieg nutzt, spart sich eine gute Stunde und braucht weniger Orientierungssinn. Viele beenden die Tour dann beim Grünbacher See – wenn die wüssten, welch tolle Aussicht auf den Zillertaler Hauptkamm ihnen dadurch entgeht, dass sie sich die 10 Minuten hinauf zum Bergrücken ersparen!
Karten: Freytag & Berndt 1:50.000, WKS 3: Pustertal, Bruneck, Drei Zinnen. Tabacco 1:25.000, Blatt 33: Pustertal, Bruneck.

Vom Parkplatz **Gelenke (1)** folgen wir dem beschilderten **Wanderweg 65** Richtung Moarhofalm, der (bergauf gesehen) nach rechts vom Fahrweg abzweigt. Im Wald halten wir uns bei einer spitzwinkligen Verzweigung rechts und gelangen so zu einer Kiesstraße, der wir nach rechts folgen – aber nur ganz kurz, bis zu einer Aussichtsbank. Von dort

Zillertaler Alpen / Pfunderer Berge

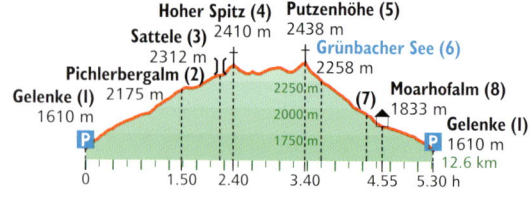

gehen wir auf der links talein führenden Forststraße weiter, die mit »Petersberg« und »Kaltwassertal« ausgeschildert ist und auf einer längeren Strecke eben verläuft. Nach einer guten Viertelstunde zweigt spitzwinklig nach links eine Straße ab, die wir ignorieren, ebenso wie einen bald darauf nach links hinabführenden Weg. Wo die Kiesstraße zur Kaltwasseralm unmittelbar darauf eine rechts hinaufführende Kehre beschreibt, zweigen wir mit der Markierung 11 halblinks ab auf den Güterweg zur Pichlerbergalm. Bei dieser endet eine Dreiviertelstunde später der Fahrweg; am rechten Gebäudeeck der **Pichlerbergalm (2)**, 2175 m, schickt uns die Markierung 11A nach rechts aufs Weidegelände. Auf schwachen, nicht durchgängig sichtbaren Trittspuren leiten rot-weiße Markierungen zunächst schwach ansteigend auf ein eingezäuntes Gelände zu. Kurz bergab und darunter vorbei, geht es dann auf Steinen durch eine Feuchtzone und leicht links haltend über eine Geländestufe. An einer kleinen Lacke vorbei erreichen wir am **Sattele (3)**, 2312 m, den Rücken des Grubbachkammes – und genießen damit erstmals den überwältigenden Ausblick auf den noch vergletscherten Zillertaler Hauptkamm. Am Zaun entlang wandern wir nach rechts zu einem Gipfel hinauf, der zwar **Hoher Spitz (4)**, 2410 m, heißt, aber eher ein runder Buckel ist.

Vom nächsten Sattel oberhalb des kleinen Kaltwassersees wandern wir auf die **Zwölferspitz**, 2351 m, zu. Knapp darunter quert der Pfad nach rechts hinüber und verliert wieder etwas an Höhe. Einen links in die Nordflanke abzweigenden Weg ignorieren wir und steigen stattdessen auf die nächste plateauartige Anhöhe. Dort tut sich bald der Blick auf den Grünbacher See auf. Unser Steig bleibt zunächst

Am Hohen Spitz. Blick übers Mühlbachtal auf den Zillertaler Hauptkamm.

Auf der Putzenhöhe. Blick auf die Durreckgruppe (links), die Rötspitze in den Hohen Tauern und die Rieserfernergruppe (rechts im Bild).

am wieder fallenden Rücken, um dann nach einem weiteren Sattel über steileres und felsigeres Gelände auf die Putzenhöhe (5), 2438 m, zu führen.

Den Abstieg beginnen wir entweder auf dem Anstiegsweg (um dann vom Sattel über flache Grashänge weglos zum See zu gelangen) oder wir steigen – bei trockenem Boden – auf Steigspuren über den steilen, grasigen Nordkamm direkt zum glasklaren und fischreichen Grünbacher See (6), 2258 m, ab. Dort vereinigen sich beide Varianten auf einen Pfad, der zu einem Güterweg hinabführt; der erschließt die Obere Grünbacher Alm, 2114 m, wir folgen ihm aber hinab zur Unteren Grünbacher Alm (7), 1943 m. Bei diesem Hütterl zweigt nach rechts ein Fußpfad über einen steileren Hang ab. Wieder auf einem Fahrweg, folgen wir dem nach rechts und erreichen so mit der Moarhofalm (8), 1833 m, den idealen Platz für eine abschließende Einkehr. Auf dem gekiesten Zufahrtssträßchen gelangt man zum Anstiegsweg und darauf zum Ausgangspunkt (1).

Der Grünbacher See. Auf dem Rücken am Horizont wandern wir nach rechts.

Zillertaler Alpen / Pfunderer Berge

18 Sambock, 2396 m

Vom Kofl über die »Platten« und den Südrücken ★★

Grandioser Aussichtsberg mit problemlosem Anstieg

Der Familien-Hausberg der Pfalzener ist der Sambock. Er bietet nämlich für alle Generationen geeignete, gefahrlose Wege an der Südseite und einen felsigen Nordgrat für die Bergfexe in der Familie, die es gerne etwas rassiger haben – und für alle eine grandiose Aussicht auf die Pusterer Bergwelt.

KURZINFO

Talort: Pfalzen, 1022 m, auf der Pusterer Sonnenterrasse, Zufahrt von Bruneck oder von Kiens. Bus 421 von Bruneck (Bhf. der Pustertalbahn).
Ausgangspunkt: Parkfläche beim Kofler am Kofl, 1487 m; Zufahrt auf schmaler Asphaltstraße von Pfalzen; dort bezeichnete Abzweigung nach Norden, an weiteren Verzweigungen jeweils beschildert.
Gehzeit: 4¾ Std.
Höhenunterschied: 940 m.
Anforderungen: Problemlose Bergwanderung auf Wegen und Pfaden; ein wacher Blick für Markierungen und Beschilderungen sowie etwas Ausdauer sind vorteilhaft; knapp unter dem Gipfel können manche den Pfad ein bisschen ausgesetzt empfinden. Der felsige Nordgrat (Variante, »schwarz«) erfordert etwas Kletterfertigkeit (I+) und Schwindelfreiheit.
Einkehr: Unterwegs keine, am Ausgangspunkt Kofler am Kofl, 1487 m.
Variante: Abstieg über den Nordgrat (I+, mit kurzem Zwischenaufstieg), zu einem Wiesensattel, 2365 m, dort nach rechts, zunächst weglos durch ein breites Kar und auf einer weithin sichtbaren Karrenspur zur oberen Pitzinger Alm. Von dort leitet eine Kiesstraße hinab zur unteren Pitzinger Alm. Daran rechts vorbei, gelangt man auf dem Fahrweg (Nr. 68) in einem Rechtsbogen zum Feuchtbiotop und damit zum Anstiegsweg.
Karten: Freytag & Berndt 1:50.000, WKS 3: Pustertal, Bruneck, Drei Zinnen. Tabacco 1:25.000, Blatt 33: Pustertal, Bruneck.

Vom **Kofler (1)** gehen wir an der Übersichtstafel vorbei auf einem Karrenweg geradewegs bergauf. Nach wenigen Minuten zweigen wir der Wegweisung zum Sambock (Nr. 66) folgend nach rechts hinauf ab. Über eine Kiesstraße hinweg; bei der nächsten Kiesstraße dieser kurz nach rechts folgen, 50 m weiter wieder auf Wanderweg nach oben. Einen Fahrweg, der nach rechts zur Pitzinger Alm führt, überschreiten wir und folgen dem leicht nach links

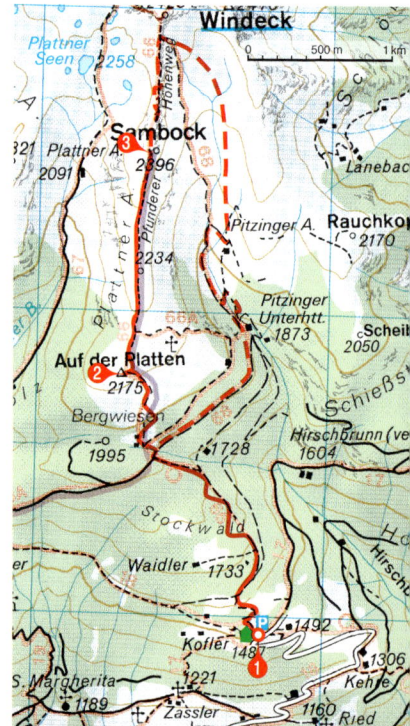

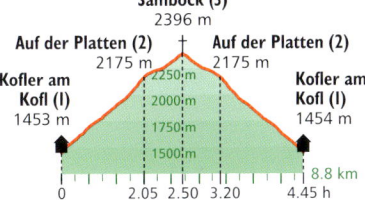

versetzt geradewegs ansteigenden Waldweg. Ein Zufahrtsweg zu einer Almhütte auf der linken Seite wird geradeaus überschritten, gleich darauf halten wir uns bei einem weiteren Fahrweg links, um dann vor einem Zaun wieder nach rechts hinaufzusteigen. Wo dieser dann nach links verläuft, halten wir uns vor einem massigen Stein rechts und folgen dem deutlicheren Weg durch den Wald hinauf. Auf gelegten Steinen überqueren wir ein kleines **Feuchtbiotop** und gelangen zu einer Kiesstraße. Darauf nur kurz nach rechts, dann über die Stockpfarrer-Wiesen nach links hinauf zur **Jägerhütte** (Geigerhütte), 1962 m, mit drei Bänken und einem Brunnen, der köstliches Quellwasser spendet. Bei den Gebäuden rechts, bald danach – bei einer Verzweigung – scharf nach links. Der Wald lichtet sich nun, schließlich geht es durch Almrosen und Heidevegetation hinauf zur Verebnung »**Auf der Platten« (2)**. Wer sich damit und mit dem Blick auf die Dolomiten zufrieden geben will, geht dort nach links hinüber zum Kreuz samt Steinmann sowie hoher Stange – und hat damit schon ein Ziel erreicht.

Für einen tollen Blick auch auf den Zillertaler Hauptkamm lohnt es sich aber, weiter zu gehen und auf dem deutlichen Pfad über bzw. knapp rechts des Südrückens zum riesigen Gipfelkreuz auf dem **Sambock (3)**, 2396 m, zu steigen.

Abstieg auf dem Anstiegsweg.

Endspurt zur Rast an der Jägerhütte.

Blick vom Sambock zur Bärentaler Spitze und zum Hochfeiler (links).

Tauferer Tal / Reintal

19 Reinbachfälle, Toblburg-Ruine, 1172 m

Franziskusweg von Bad Winkel über den Toblhof

Besinnlicher Weg an rauschenden Wassern
Die Reinbach-Wasserfälle zählen sicher zu den spektakulärsten Kaskaden Südtirols. Ein reizvoll angelegter Weg mit Stationen zum Nachdenken erschließt dieses Naturschauspiel auch für Wanderer, die keine ultralangen Touren für ihr Glück brauchen. Der »Besinnungsweg« von Wasserfall zu Wasserfall ist dem heiligen Franziskus gewidmet und führt zur Toblburg- (auch Kofl-) Ruine. Dort residierten einst die Herren von Taufers, bevor sie im 13. Jahrhundert die große Burg über Sand in Taufers erbauten.

Der hohe Wasserfall oberhalb der Brücke.

Talort: Sand in Taufers, 878 m. Hauptort im Tauferer Tal, Bus 450 von Bruneck (Bhf. der Pustertalbahn).
Ausgangspunkt: Parkplatz bei Winkel, 860 m, ostsüdöstl. von Sand, Zufahrt über Kematen (alternativ. Hst Toblhof der Buslinie 452 Sand i.T. – Rein).
Gehzeit: 2¼ Std.
Höhenunterschied: 320 m.
Anforderungen: Leichte Wanderung, etwas Trittsicherheit teils angenehm; darauf achten, dass Kinder am Weg bleiben (Absturzgelände neben dem Weg).
Einkehr: Gasthaus Toblhof, 1054 m.
Karten: Freytag & Berndt 1:50.000, WKS 3: Pustertal, Bruneck, Drei Zinnen. Tabacco 1:25.000, Blatt 036: Sand i. T.

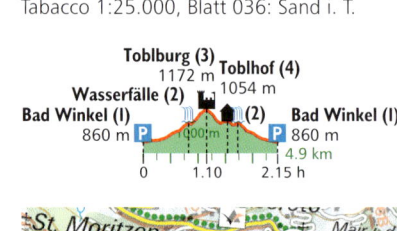

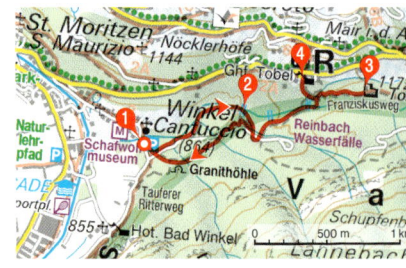

Geschnitzte Figuren am Besinnungsweg.

Von Bad Winkel (1) spazieren wir der Wegweisung zu den Reinbachfällen folgend auf zunächst breitem Schotterweg talein. Eine Abzweigung nach rechts ignorieren wir, bei der folgenden Verzweigung halten wir uns links. Bald hören wir schon die erste Kaskade. Vor dem imposanten unteren Wasserfall (2) wendet sich der Weg nach rechts hinauf. Einen Fahrweg überqueren wir und folgen der Beschilderung »Franziskusweg«.

So pilgern wir auf einem reizvollen kleinen Umweg zur nächsten Station des Besinnungsweges. Dort berühren wir den zuvor schon überquerten Fahrweg noch mal, verlassen ihn aber gleich wieder nach links hinauf. Nach einem Steilstück zweigt nach links ein lohnender Abstecher zu einer Aussichtsplattform beim zweiten Wasserfall ab. Zurück am Hauptweg, wandern wir bequem zum dritten Wasserfall weiter. Er ist von einer stabilen Brücke aus oder von einem (meist feuchten und daher glitschigen) Aussichts-»Eck« rechts oberhalb zu bewundern.

Der Weiterweg führt über die besagte Brücke. Nach einem kurzen Steilstück verzweigt sich der Weg. Wir halten uns rechts und wandern bald an dem lieblichen Waldbach entlang, der den gerade bewunderten spektakulären Seitenwasserfall speist. Den Bach überqueren wir bald nach rechts. Nun folgt das steile, aber gut ausgebaute Schlussstück zur liebevoll renovierten Franz-und-Clara-Kapelle im Gelände der Toblburg-Ruine (3), 1172 m. Dass diese erst nach einer Toilettenanlage erreicht wird, mag dazu beitragen, dass der Rastplatz dort einen einladenden Eindruck macht.

Von der Kapelle könnte man über eine kleine Brücke auch weiter zur Straße Sand – Rein gehen, müsste dann aber entlang diesem Asphaltband auch ein längeres Stück zurückgehen. Wir wandern deshalb zunächst am Anstiegsweg zurück zur Wegverzweigung nahe dem Wasserfall und begeben uns (jetzt nach rechts) auf unseren Einkehrabstecher zum Gasthaus Toblhof (4). Zurück bei den Wasserfällen, geht es wieder über die Brücke.

Den unteren Wasserfall kann man rechts zurücklassen und auf direkterem Weg zum Ausgangspunkt (1) zurückwandern, entweder auf dem Fahrweg oder auf dem (schöneren!) Waldwanderweg links davon.

Durreckgruppe

20 Großer Moosstock, 3059 m

Von Ahornach über den Südwestgrat ★★

Auf Hans Kammerlanders Hausberg

Ein Dreitausender, der unmittelbar aus dem nicht einmal 900 m hoch gelegenen Tauferer Talboden aufragt, bietet natürlich eindrucksvolle Tiefblicke. Die Fernsicht begeistert bei guter Sicht aber noch viel mehr: Zillertaler Alpen, Rieserfernergruppe und Dolomiten scheinen zum Greifen nah. Der Blick auf die vielen Berge hat wohl auch den jungen Hans Kammerlander inspiriert, immer mehr davon zu besteigen. Der sympathische Spitzenbergsteiger ist im Ausgangsort Ahornach aufgewachsen (er wohnt auch heute noch dort) und hat den Moosstock im Alter von knapp 8 Jahren erstmals bestiegen – es war sein erster Dreitausender.

KURZINFO

Talort: Sand in Taufers, 878 m, Hauptort im Tauferer Tal, Bus 450 von Bruneck (Bhf. der Pustertalbahn).
Ausgangspunkt: Parkplatz, 1560 m, im Ahornacher Wald; Zufahrt von Sand: erst Richtung Rein, dann links ab und hinauf nach Ahornach (bis hierher auch mit dem Bus 453); in Schleifen durch den Ort, wobei wir das Sträßchen nach Pojen links liegen lassen; deutlich über dem Dorf führt das schmale Teersträßchen in den Wald; dort Parkplatz rechts der Straße.
Gehzeit: 7½ Std.
Höhenunterschied: 1500 m.
Anforderungen: Anspruchsvolle Bergtour, die Kondition, Orientierungssinn, Trittsicherheit, Schwindelfreiheit und Felsgewandtheit im Urgestein (stellenweise Schwierigkeitsgrad I+) voraussetzt.
Einkehr: Unterwegs keine.
Karten: Freytag & Berndt 1:50.000, WKS 3: Pustertal, Bruneck, Drei Zinnen. Tabacco 1:25.000, Blatt 036: Sand in Taufers.

Blick aus dem Tauferer Talkessel auf Ahornach und den kecken Moosstock.

Beim oberen Ende des Parkplatzes im **Ahornacher Wald (1)** folgen wir dem links aufwärts führenden Sträßchen. Bei der folgenden Rechtskehre gehen wir auf der geradeaus führenden Schotterstraße weiter, um von dieser gleich darauf nach rechts in einen Waldweg abzubiegen. Nach einem quer verlaufenden Waldweg (der ignoriert wird) erreichen wir einen Waldrand, der unseren Weg ein kurzes Stück begleitet. Dann geht es an allen Abzweigungen vorbei geradewegs durch den Wald. Auf der folgenden Lichtung steuern wir ein kleines Hütterl an; unmittelbar vor diesem vollzieht man eine Rechtskurve (wobei man einen zugewachsenen Fahrweg überquert). Bei der nächsten Hütte, genannt »**Schlafhäuser**« **(2)**, 2010 m, zweigt nach rechts der Vegetationsweg (Reintal aufwärts) und nach links der Durreck-Höhenweg ab.

Wir steigen geradewegs über die Waldgrenze hinweg in die wilde Karlandschaft zwischen Zintnock zur Linken und Kleinem Moosstock zur Rechten. Nach Überwindung einiger Karschwellen hält sich der Steig nach links, um einem großen Blockstrom auszuweichen. Entlang einer Geländerippe steigt man auf eine markante Felsrippe zu. Links

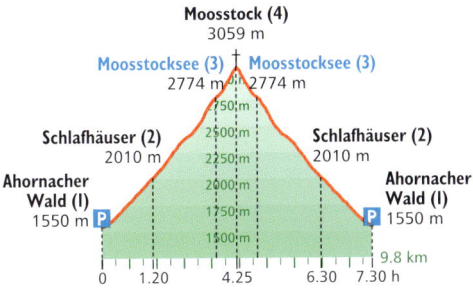

Der Anstieg ist markiert und verläuft durch das Felsgelände in Bildmitte.

von dieser geht es durch brüchiges Gestein steil hinauf, bevor der Steig in zunehmend massiver Felslandschaft nach links quert. Nach dem Ende der Querung geht es mit Hilfe eines Stahlseiles über abschüssige Platten hinauf (insbesondere das obere Ende dieser gesicherten Stelle gut einprägen, um sie beim Abstieg sicher ansteuern zu können!). Nach einigen weiteren Kraxelstellen erreicht man einen Sattel und quert oberhalb des **Moosstocksees (3)**, 2774 m, rechts haltend auf einen weiteren Sattel.

Dort geht es nun nach links auf den **Südwestgrat** des Großen Moosstocks zu. So erreicht man eine Stelle, an der es verlockend erscheint, auf einem geräumigen Band geradeaus weiterzugehen, die Markierungen aber nach rechts über eine – vor allem im Abstieg – durchaus knifflige Stelle (I+) auf den stellenweise exponierten Grat hinauf leiten (Bild links). Über eine Steilstufe, an der einige besonders wuchtige Felsformationen umgangen werden, erklimmen wir schließlich den **Gipfel (4)**, 3059 m.

Der Abstieg erfolgt auf dem Anstiegsweg, was zwischen dem See und der gesicherten Stelle ein gutes Gedächtnis und einen guten Orientierungssinn erfordert.

Unschwierige Kletterei am Südgrat.

Zillertaler Alpen

Waldner See, 2332 m

21

Über den Archbichl-Rücken zur Marchsteinalm ★★

Ein großer Bergsee und viele Bachmäander
Im Tauferer Ahrntal gibt es keinen größeren als den Waldner See – und wohl auch keinen schöneren. Er liegt knapp südlich des Alpenhauptkamms auf einer Trogschulter des Ahrntals. Wir steuern den See bei einer Rundwanderung an, die mit einer weiteren Sehenswürdigkeit aufwartet: zwar unbekannt, aber genauso reizvoll ist der glasklare Marchsteinbach mit seinen Wiesenmäandern und seinen ungewöhnlich tiefen Gumpen. Dass in der durchwanderten Landschaft auch schon in vorchristlicher Zeit Menschen unterwegs waren, belegen fünf Schalensteine, die 1984 zwischen der Waldner Alm und dem Waldner See entdeckt wurden.

KURZINFO

Talort: Prettau, 1460 m, im Ahrntal, mit spätgotischer Kirche St. Valentin (1489 geweiht); Zufahrt von Bruneck (Bhf.) über Sand in Taufers (Bus 450).
Ausgangspunkt: Parkmöglichkeiten im Ort, z. B. unterhalb der Kirche.
Gehzeit: 5¾ Std.
Höhenunterschied: 910 m.
Anforderungen: Etwas Trittsicherheit für teils steile und raue Bergpfade.
Einkehr: Waldner Alm, 2068 m.
Tipp: Mit einem Angelschein ist unter Tel. +39 340 1562829 eine Tageskarte zum Fischen erwerbbar (Seesaiblinge!).
Variante: Vom Ausgangspunkt Kasern über Weg 16 A zur Waldner Alm, zurück vom Marchsteinbach über Weg 15.
Karten: Freytag & Berndt 1:50.000, WK 152: Mayrhofen, Zillertaler Alpen, Gerlos, Krimml. Tabacco 1:25.000, Blatt 035: Ahrntal, Rieserfernergruppe. AV-Karte 1:25.000, Blatt 35/3: Zillertaler Alpen, östliches Blatt.

Die Waldner Alm oberhalb von Prettau. Unvergessen das alte Almgebäude, unten im Jahr 2002.

Zillertaler Alpen

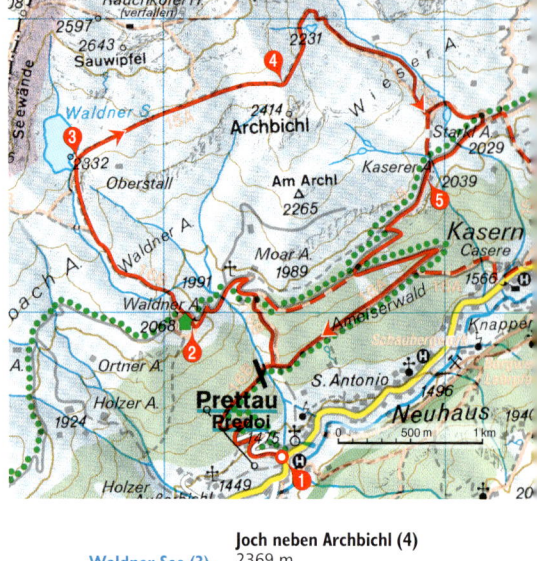

In **Prettau (1)** starten wir auf dem westlich des Wieserbachs bergaufführenden Sträßchen. Nach den letzten Häusern schlängelt sich der Fahrweg (Nr. 16B) durch eine Bergwiese. Im folgenden Wald wird der **Wieserbach** überquert. Gleich danach zweigen wir nach links auf einen schmalen Bergpfad ab. Der gewinnt in reichlich steilem Waldgelände zügig an Höhe. Wo wir wieder auf eine Almstraße treffen, folgen wir dieser nach links. Die nahe Moaralm bleibt rechts zurück, nach erneuter Überquerung des Wieserbachs führt der Fahrweg zur gastlichen **Waldner Alm (2)**, 2068 m.

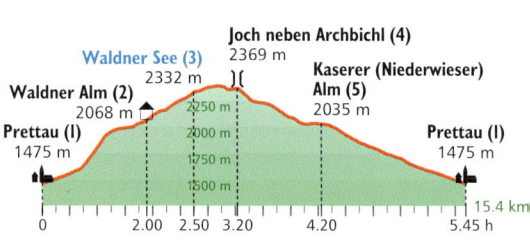

Dort zweigt rechts unser Wanderweg ab, der durch reizvolles, von kleinen Bächen durchzogenes Mattengelände leitet. An einer Verzweigung nicht dem Weg 16 B zum Hundskehljoch folgen, sondern den rechten Weg nehmen; der bringt uns zu den großen Steinen am Rand

Der Waldner See, gesehen von den Seewänden (Tour 22).

des **Waldner Sees (3)**, 2332 m. Wer sich durch das Blockmeer nach links tastet, findet reizvolle Brotzeitplatz'l am See.

Zurück am Weg, folgen wir ihm nach Osten (Nr. 15a) – mit nur noch mäßigen Steigungen. Bei rund 2400 m ignorieren wir eine Abzweigung nach links. Nach dem kleinen **Joch (4)**, 2369 m, neben dem **Archbichl**, 2414 m, wendet sich der Weg nach links und führt hinab in den grünen Almkessel des Marchsteinbodens.

Unten folgen wir den Pfadspuren, die nach rechts talab einschwenken. Entlang dem Marchsteinbach passieren wir nun herrliche Biotope. Der Bach bildet teils tiefe Kolke und Gumpen mit glasklarem Wasser. Das ist schön anzuschauen – aber Vorsicht: Manche Graspolster am Rand sind unterhöhlt! Nach dem **Marchsteinhütterl** geht es dann wieder etwas steiler bergab. Kurz bevor der Hauptweg bei der Hochwieser Alm (Starklalm), 2029 m, ein Almsträßchen erreicht, kann man einen unscheinbaren Abkürzungspfad nehmen, der nach rechts direkt hinab zur **Kaserer (Niederwieser) Alm (5)**, 2035 m, führt. So oder so folgen wir der gekiesten Almstraße nach rechts. Sie führt mit geringem Gefälle und in einigen Kehren nach **Prettau (1)**.

Abstieg zu den Mäandern des Marchsteinbodens.

Farn-Urwald oberhalb von Prettau.

Glasklar und stellenweise tief: das Fuchsbachl im Marchsteinboden.

Zillertaler Alpen

22 Rauchkofel, 3251 m

Von Prettau über den Südgrat

Imposanter Fels-Dreitausender über dem Ahrntal
Der Rauchkofel ist oft von Wolkenschwaden umwabert, gerade so wie ein Vulkan, dem Rauch entströmt. Da wundert der Name nicht, auch wenn das Phänomen letztendlich thermische Gründe hat und damit zusammenhängt, dass sich die Luft auf den weiten Almflächen südlich des Berges stark erwärmt und zum Aufsteigen gebracht wird. Am Rückweg vom Rauchkofel schauen wir am Hundskehljoch vorbei, einem alten Übergang zwischen dem Zillertal und dem Ahrntal. Heute ist der Saumpfad über diesen Pass außerhalb der Region unbekannt. Viel hätte aber nicht gefehlt, und das wäre anders gekommen: Anfang der 1980er-Jahre wurden nämlich relativ weitgediehene Pläne bekannt, Inntal und Pustertal über diesen Pass mit einer Straße zu verbinden. Erst der vehemente Widerstand von Naturschützern – insbesondere der Alpenvereine – verhinderte, dass auch dieser faszinierende Rest alpiner Urlandschaft dem Verkehr geopfert wurde.

KURZINFO

Talort: Prettau, 1460 m, im Ahrntal; Zufahrt von Sand in Taufers. Bus 450.
Ausgangspunkt: Parkmöglichkeiten im Ort, z.B. beim Gemeindehaus und unterhalb der Kirche.
Gehzeit: 10 Std.
Höhenunterschied: 1820 m.
Anforderungen: Hochalpine Bergtour, die sehr gute Kondition, Trittsicherheit, Schwindelfreiheit sowie etwas Felsgewandtheit (stellenweise Schwierigkeitsgrad I) verlangt.
Einkehr: Waldner Alm, 2068 m.
Variante: Abstieg am Anstiegsweg, dann nur gut 8½ Std für die ganze Tour.
Karten: Freytag & Berndt 1:50.000, WK 152: Mayrhofen, Zillertaler Alpen, Gerlos, Krimml. Tabacco 1:25.000, Blatt 035: Ahrntal, Rieserfernergruppe. AV-Karte 1:25.000, Blatt 35/3: Zillertaler Alpen, östliches Blatt.

Die letzten Meter zum Gipfel: unschwierige Kraxelei an wilden Blöcken.

Am Gipfel des Rauchkofel – grenzenlos, die Freiheit über den Wolken …

Wie bei Tour 21 wandern wir von **Prettau (1)** zum **Waldner See (3)**, 2332 m, und noch ein Stück weiter nach Osten, wo wir an einer Verzweigung **(4)** nach links abzweigen und hinaufsteigen zum **Lausitzer Höhenweg** (Nr. 13). Darauf gehen wir ein Stück nach links.

Im Sattel **(5)** neben dem **Sauwipfel**, 2643 m, zweigen wir nach rechts ab und steigen auf dem **Südrücken** an. Der anfangs deutliche und problemlos zu begehende Weg wird mit zunehmender Höhe immer steiler, felsiger und alpiner. Bald ist das Gelände gratartig ausgebildet und schließlich geht es geradeaus nicht mehr weiter – zumindest nicht ohne schwierigere Kletterei über eine steile Gratstufe. Hier steigen wir nun ein Stück nach links ab. Durch eine meist mit Firn bzw. Schnee gefüllte Mulde (am Rand auf mögliche Schmelzlöcher achten!) nähern wir uns wieder dem **Grat**. Darauf bzw. etwas links davon werden die letzten Höhenmeter in

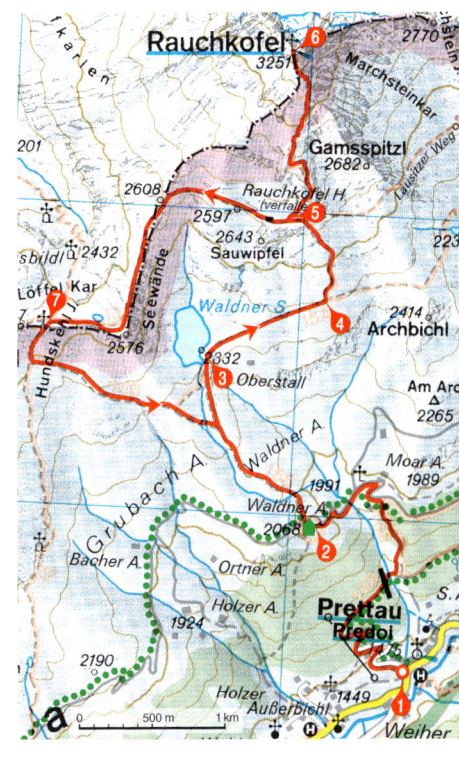

Abstieg vom Rauchkofel zum Lausitzer Höhenweg.

relativ leichter Kraxelei erklommen. Am Gipfel des **Rauchkofels (6)**, 3251 m, erwarten uns riesige Felsblöcke, auf denen man gut sitzen kann; doch Vorsicht, ein besonders großer wackelt!

Zurück gehen wir auf jeden Fall bis zur Wegkreuzung beim **Sauwipfel**. Wem die Zeit – oder die Puste – zu knapp wird, geht am besten am Anstiegsweg zurück. Ansonsten lohnt es sich, auf dem hier besonders reizvollen Lausitzer Höhenweg nach Westen – also nach rechts – zu gehen: Zuerst über liebevoll angelegte Platten durch ein weites Kar zum Grenzrücken zwischen Südtirol zur Linken und Nordtirol zur Rechten. Der Rücken wird bald zum Kamm und im Bereich der **Seewände** und der **Jochschneide**, 2583 m, stellenweise zum blockigen Grat. Der Steig zeigt hier wieder recht alpinen Charakter.

Schließlich ist das **Hundskehljoch (7)**, 2557 m, erreicht, wo es nach links auf den Weg 16 B geht. Nun nochmal links, unterhalb der Jochschneide nach Südosten (nicht auf Weg 16 nach Süden!). So erreichen wir unter dem Waldner See wieder die Aufstiegsroute.

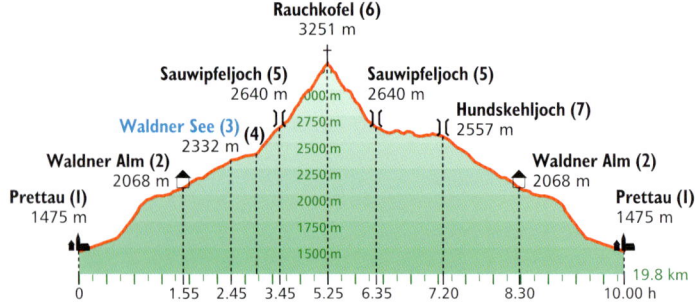

Zillertaler Alpen / Hohe Tauern

Lausitzer Höhenweg, Birnlücke, 2667 m

23

Über Trinkstein und die Birnlückenhütte

Im nordöstlichsten Zipfel Südtirols

Am Südhang des östlichsten Abschnitts des Zillertaler Hauptkammes haben sächsische Alpenvereine 1902/03 einen Höhenweg mit traumhaft schöner Aussicht angelegt: den Lausitzer Höhenweg. Er verbindet das Hundskehljoch mit der Birnlücke. Wir konzentrieren uns auf den östlichen Teil dieses Weges und steigen am alten Saum- und Schmugglerpfad auf, der zum Krimmler Tauern, einem historischen Übergang ins Salzburgische, führt. Eine ähnliche Bedeutung hatte auch die Birnlücke – der Übergang, der Höhe- und Wendepunkt unserer abwechslungsreichen Wanderrunde ist.

KURZINFO

Talort: Kasern, 1582 m, letzter Ort im Ahrntal; Zufahrt von Sand i. T. Bus 450
Ausgangspunkt: Parkplatz am östlichen Ortsrand.
Gehzeit: 8½ Std.
Höhenunterschied: 1280 m.
Anforderungen: Ausdauer und ausgeprägte Trittsicherheit.
Einkehr/Übernachtung: Talschlusshütte, 1609 m, Prastmannalm, 1623 m; Jagahütte und Adleralm in Trinkstein, 1685 m; Obere Tauernalm, 2018 m; Birnlückenhütte, 2441 m (CAI, Tel. +39 0474 654140); Lahner Alm, 1986 m; Kehrer Alm, 1850 m.
Karten: Freytag & Berndt 1:50.000, WK 152: Mayrhofen, Zillertaler Alpen, Gerlos, Krimml. Tabacco 1:25.000, Blatt 035: Ahrntal, Rieserfernergruppe. AV-Karte 1:25.000, Blatt 35/3: Zillertaler Alpen, östliches Blatt.

Bei der Birnlückenhütte, Blick ins Ahrntal. Rechts – optisch dominierend – der Rauchkofel (Tour 22); rechts davor erkennt man ganz klein die Krimmler-Tauern-Hütte, nahe der wir den Lausitzer Höhenweg erreichen.

Blick von der Birnlückenhütte übers Prettaukees auf die Dreiherrnspitze.

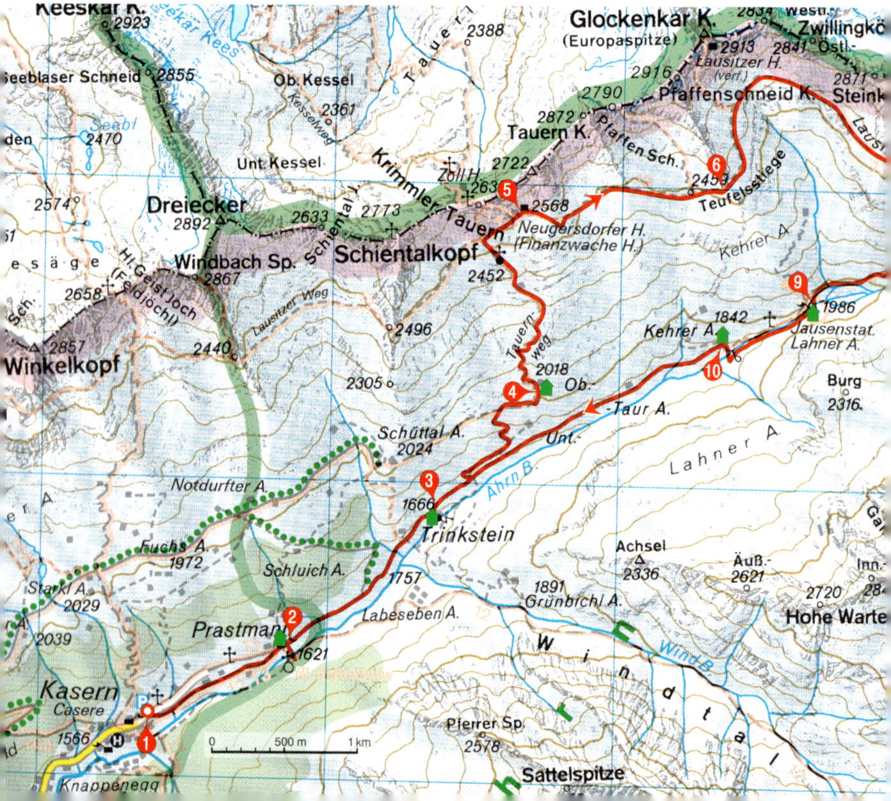

Zillertaler Alpen / Hohe Tauern

Von Kasern (1) gehen wir auf dem Weg 13/14 über die Prastmannalm (2) talein nach Trinkstein (3). Am links abzweigenden Tauernweg (14) gewinnen wir zügig an Höhe. Wir passieren die Obere Tauernalm (4), 2018 m, und halten auf den Krimmler Tauern zu. Noch vor dem Übergang treffen wir auf den Lausitzer Höhenweg. Ihm folgen wir nach rechts und wundern uns über die Krimmler-Tauern-Hütte (5), 2568 m, die als Neugersdorfer Hütte nur zu Beginn des 20. Jh. eine kurze Blüte als Bergsteigerunterkunft hatte.

Auf steinigem Weg gelangen wir zum ausgeprägten Kamm der Pfaffenschneid, die nach steilem Anstieg an der Teufelsstiege (6) in einer Scharte überwunden wird. Dahinter quert der Weg durch weite Hänge. Links zweigt der Weg zum Klockerkarkopf ab, wir gehen weiter und kommen eine gute halbe Stunde später zu einer Verzweigung, an der man nach rechts zur Birnlückenhütte abkürzen könnte. Weiter auf dem Höhenweg bleibend geht es noch mal bergauf zur Birnlücke (7), 2667 m.

Der Abstieg wird bald angenehm unterbrochen – an der Birnlückenhütte (8), 2441 m, wo wir bei herrlicher Aussicht die verdiente Stärkung genießen können. Danach leitet ein Serpentinenweg zügig hinab in den weiten Boden der Lahner Alm (9), 1986 m. Über die Kehrer Alm (10), 1842 m, wandern wir weiter talaus und treffen bei Trinkstein (2) wieder auf den Anstiegsweg.

Erbaut im Jahr 1455: die Heilig-Geist-Kirche am Ahrnbach.

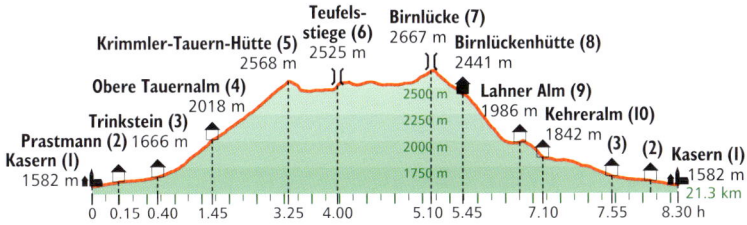

Rieserfernergruppe

24 Lenkstein, 3236 m

Durchs Ursprungtal zu Südtirols Ostgrenze ★★★

Rassige Tour auf ein hochalpines Gipfelziel
Eine richtig »satte« Bergtour ist die Besteigung des Lenksteins: lang, anspruchsvoll und hochalpin! Für die Mühen wird man aber reichlich belohnt durch das eindrucksvolle Erlebnis ungezähmter, rauer Gebirgslandschaft und durch eine Aussicht, die ihresgleichen sucht – sie reicht im Osten bis zu Kärntner Gipfeln, im Westen bis zu einigen Schweizer Eisriesen.

KURZINFO

Talort: Rein, 1542 m, im Reintal; Zufahrt von Sand i. T., auch per Bus 452.
Ausgangspunkt: Parkplatz bei der Jausenstation Säge, 1591 m, im Bachertal; Zufahrt auf Asphaltstraße, die am südlichen Ortsrand von Rein abzweigt.
Gehzeit: 9½ Std.
Höhenunterschied: 1650 m.
Anforderungen: Ausdauer sowie Trittsicherheit auf Schrofen und im Firn; der Gipfel verlangt darüber hinaus Schwindelfreiheit und etwas Klettterfertigkeit (I+).
Einkehr/Übernachtung: Unterwegs keine, am Ausgangspunkt die Jausenstation Säge, bekannt für das vom Wirt selbst geschossene Wild.
Karten: Freytag & Berndt 1:50.000, WKS 3: Pustertal, Bruneck, Drei Zinnen; WK 152: Mayrhofen, Zillertaler Alpen, Gerlos, Krimml. Tabacco 1:25.000, Blatt 035: Ahrntal, Rieserfernergruppe.

Von der **Jausenstation Säge (1)** gehen wir auf dem Fahrweg kurz talein zu einer Brücke. Dort wechseln wir die Bachseite, ignorieren den direkten Weg zur Kasseler Hütte und wandern stattdessen auf dem Weg Nr. 7 talein zur **Furtalm (2)**, 1787 m. Dort folgen wir dem Pfad in den Wald. Teils schwache Wegspuren führen zu einer **Brücke**, nach der es ein kurzes Stück ufernah aufwärts geht. Dann löst sich der Weg vom

Balkenbrücke über den Keesbach. Im Hintergrund die Durreckgruppe.

Der Lenkstein von Westen. Die Route verläuft etwas links der Bildmitte.

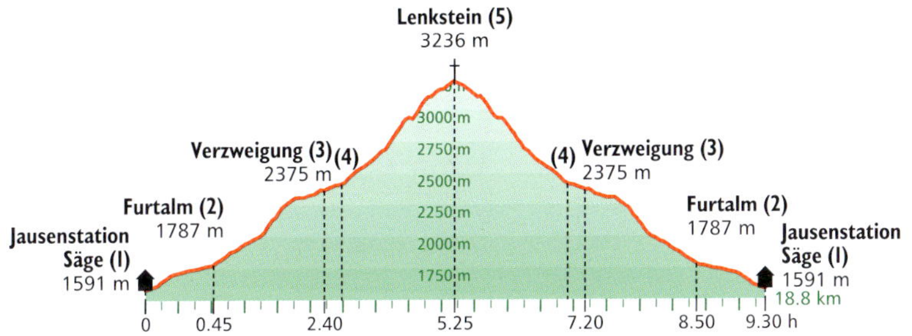

Lenkstein (5)
3236 m

Verzweigung (3) (4)
2375 m

(4) **Verzweigung (3)**
2375 m

Furtalm (2)
1787 m

Furtalm (2)
1787 m

Jausenstation Säge (I)
1591 m

Jausenstation Säge (I)
1591 m

0   0.45   2.40   5.25   7.20   8.50   9.30 h
18.8 km

Am Lenkstein. Links unten der grüne Talkessel von Rein, darüber die Durreckgruppe, am Horizont der Hauptkamm der Zillertaler Alpen.

Bach und zieht durch eine bewachsene Felsmulde hinauf zu einer Almwiese. Dort im Rechtsbogen auf einer **Brücke** wieder über den Bach. Durch grasdurchsetzte Felsbuckellandschaft gelangen wir zu einer **Verzweigung (3)**, 2375 m. Dort geht es nach rechts zur Hochgallhütte; wir folgen hier aber dem Weg 8 nach links.

Nach einem flachen Wegabschnitt wechseln wir auf einer einfachen **Brücke (4)**, 2424 m, wieder die Bachseite. Nach kurzem Anstieg wendet sich der Weg nach rechts und führt etwas oberhalb einiger Barackenfundamente (vom italienischen Militär) talein. Ein flacher Schutthang wird den Markierungen folgend nach rechts gequert; einige Wasserrinnen sehen wie Steigspuren aus – nicht darauf ansteigen!

Auf einen Felsbug zu überwindet der Steig rechts haltend eine Grasrampe (Blick auf spektakulären Wasserfall), bis er nach links zu einem Moränenwall quert. Auf dessen First bergan und vor einem noch wuchtigeren Felsbug nach rechts zu einem Steinmann auf einer Karschwelle. Hier wiederum nach rechts. So gelangt man zu einer Felskante, entlang der es weiter aufwärts geht. Bald führt der Steig leicht nach links in die Schrofen und dann nach einem Rechtsschwenk in eine meist schneebedeckte Flanke. Durch diese queren wir schräg ansteigend auf einen Steinmann bei einer kleinen Geländekerbe zu. Der steht etwas nördlich der tiefsten Stelle (knapp 3100 m) eines relativ flachen **Firnfeldes**.

Von dort führen Steigspuren nach links über den unangenehm brüchigen Südwestgrat (I) auf den Gipfel. Etwas weiter, aber attraktiver ist es, beim Steinmann rechts zu gehen und über den Rand des Firnfeldes (bei starker Ausaperung Eis, dann Steigeisen montieren!) auf einen Wegweiser im Gratverlauf südlich des Lenksteins zuzuhalten. Von dort ginge es zur Barmer Hütte in Osttirol hinab, wir gehen am oberen Rand des spaltenlosen Firn-/Eisfeldes nach links. Kurz vor dem Fuß des Lenksteingipfels steigen wir (am besten über einen kleinen Firnhang) nach rechts auf den nahen Südgrat hinauf. Dem folgen wir nun und überwinden mit einer 2 m hohen, senkrechten, aber stabilen Felsstufe (I+) die Schlüsselstelle. Der Grat wird bald flacher, die letzten Meter zum Gipfel des Lensteins (5), 3236 m, sind purer Aussichtsgenuss!

Abstieg am besten am Anstiegsweg, wobei man die Felsstufe der Schlüsselstelle am Grat besser nicht unmittelbar oberhalb der steil abfallenden Ostflanke bewältigt.

Am Lenkstein-Südgrat. Mit einem guten Blick für die jeweils beste Routenführung wird der Schwierigkeitsgrad I+ nicht überschritten.

Blick vom Lenkstein nach Osttirol: Links der Großvenediger, rechts der Bildmitte der Großglockner, unten der Rest des Fallenbacher Ferners.

Rieserfernergruppe

25 Arthur-Hartdegen-Weg, bis 2380 m

Über die Kasseler Hütte und die Ursprungalm

Großartige Runde unter dem Hochgall

Einer der markantesten und wohl auch schönsten Berge der Ostalpen dominiert diese Route optisch: der Hochgall, 3435 m – ein begehrter Klassiker für Hochalpinisten. Für die meisten Bergfreunde aber ist die Kasseler Hütte schon das Hauptziel ihrer Wanderung, oft verbunden mit einem Fünf-Minuten-Abstecher zum wirklich malerischen Malersee knapp oberhalb der Hütte. Wer schwindelfrei ist, kann auch noch das direkt darüber aufragende Tristennöckl in kurzer Zeit erklimmen. An teilweise abenteuerlich exponierten Stellen dieses Felszahns wachsen Zirben – eine Sensation in dieser Meereshöhe: In den ganzen Ostalpen gibt es keinen höheren Ort, an dem noch richtige Bäume wachsen. Die Krönung aller Wanderungen im Reintal ist aber der Arthur-Hartdegen-Weg, der auf gletschergeschliffenen Tonaliten und Amphiboliten das eindrucksvolle Vorfeld des Rieserferners quert.

KURZINFO

Talort: Rein, 1542 m, im Reintal; Zufahrt von Sand in Taufers (Bus 452).
Ausgangspunkt: Parkplatz bei der Jausenstation Säge, 1591 m, im Bachertal; Zufahrt auf Asphaltstraße, die am südlichen Ortsrand von Rein abzweigt.
Gehzeit: 5¾ Std.
Höhenunterschied: 860 m.
Anforderungen: Ausdauer und Trittsicherheit; ein Holzbalken über einen Bach sowie eine kettengesicherte Felsrampe verlangen auch etwas Schwindelfreiheit.
Einkehr/Übernachtung: Kasseler Hütte, 2276 m (Hochgallhütte, Rif. Roma, CAI, Tel. +39 0474 672550).
Variante: Abstecher aufs Tristennöckl, 2465 m: exponierter, gesicherter Steig, nur für Schwindelfreie (»schwarz«!), 1 Std. rauf und runter.
Karten: Freytag & Berndt 1:50.000, WKS 3: Pustertal, Bruneck, Drei Zinnen. Tabacco 1:25.000, Blatt 035: Ahrntal, Rieserfernergruppe.

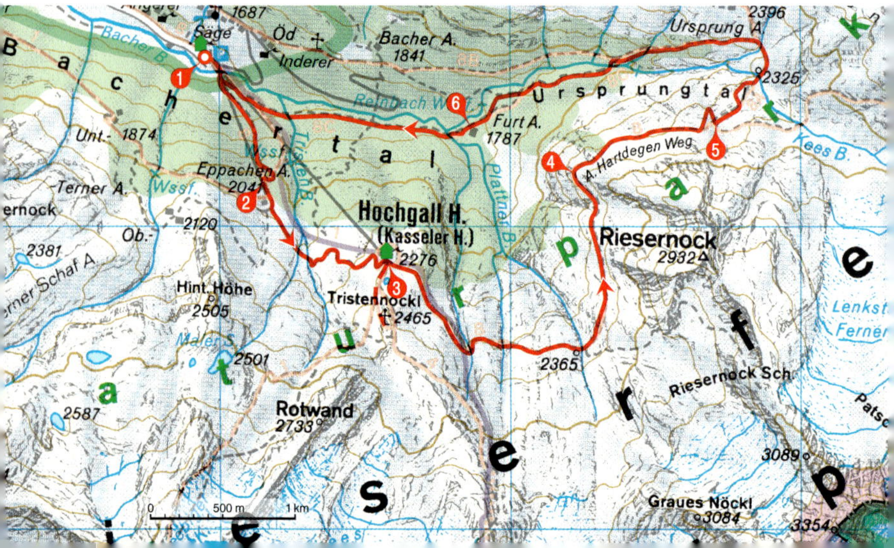

Rieserfernergruppe

Blick über Rein auf den Hochgall. Rechts unter dem Gipfel die Kasseler Hütte.

Von der **Jausenstation Säge (1)** gehen wir auf dem Fahrweg kurz talein und bei der Brücke über den Reinbach. Nun folgen wir dem rechts abzweigenden Pfad, zuerst kurz

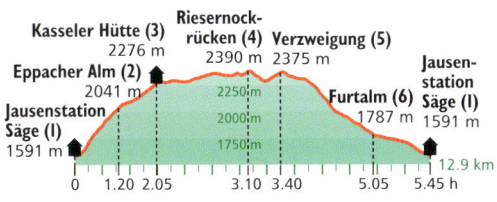

89

Die Kasseler Hütte hoch über Rein. Im Hintergrund die Durreckgruppe.

über eine Wiese, dann für längere Zeit durch Wald. Stellenweise knackig steil, schlängelt sich der schattige Pfad hinauf zur **Eppacher Alm (2)**, 2041 m. Gleich danach ist der breite, von Rein heraufziehende Hüttenweg erreicht. Dieser bringt uns zum **Tristenbach**, der an einer spektakulär eingetieften Stelle überquert wird. Nach einem kurzen Schlussspurt lockt die **Kasseler Hütte (3)**, 2276 m, mit Speis und Trank. Und da dürfen wir uns ruhig gut stärken, eine weitere Einkehrmöglichkeit gibt es nämlich nicht und der Weg ist noch lang.

Gletscherschliffe und Findlinge im Vorfeld des Rieserferners.

Starten wir also auf den Arthur-Hartdegen-Weg: Von der Hütte direkt am Nebengebäude vorbei auf den nach Osten führenden Höhenweg, der in weitem Bogen durch das Gletschervorfeld des Rieserferners quert – immer im Angesicht des mächtigen Hochgall. Dabei sind einige Gletscherbäche zu überwinden, was bei höherem Wasserstand etwas knifflig sein kann (vor allem nachmittags und insbesondere an warmen Tagen, an denen der Gletscher besonders viel Schmelzwasser abgibt). Auch die Querung eines glatt geschliffenen Felsbuckels erfordert Trittsicherheit. Der Hauptbach unter dem Rieserferner wird auf einem Balken überquert.

Vor dem Riesernock wendet sich der Steig nach Norden und gewinnt an einer exponierten, aber beidseitig kettengesicherten Rampe nochmals an Höhe. Nach dem Riesernockrücken (4), knapp 2400 m, folgt eine Abwärtspassage und ein erneuter Anstieg über stellenweise bewachsene Felsbuckel. Bei der ersten Verzweigung (5), 2375 m, seit der Kasseler Hütte geht es geradeaus auf dem Weg 8 zum Lenkstein, wir folgen dem Weg 8a Richtung Kofler Alm nach links und wandern über weitere Felsbuckel.

Bald nachdem der Abfluss des Lenksteinferners auf einer Brücke überquert ist, wandern wir talaus. Dazu gehen wir bei der folgenden Verzweigung links und kommen so in ein markant eingekerbtes kleines Tälchen. Das leitet nun steil hinab ins Ursprungtal. Unterhalb eines Wasserfalls erreichen wir wieder den Bach. An dessen Ufer scheint sich der Weg in Nichts aufzulösen. Doch einige Meter weiter erreichen wir eine Brücke; über die gehen wir in den lichten Wald auf der anderen Bachseite. Dort heißt es dann, genau auf den nicht immer deutlichen Pfad zu achten, insbesondere im Bereich einer Lichtung, wo es halbrechts weitergeht.

Nach der Furtalm (6), 1787 m, geht es auf dem Weg Nr. 7 entlang der Almwiese weiter und über den Plattner Bach; dort rechts und talaus. zur Jausenstation Säge (1).

Arthur-Hartdegen-Weg: am Riesernock-Rücken.

Rieserfernergruppe

26 Fernerköpfl, 3241 m

Durchs Gelttal und über die Rieserfernerhütte

Aussichtsreicher Felsgipfel über einem großen Gletscher
Bei einem Berg, der sich »Köpfl« nennt, denkt man gemeinhin nicht an einen ausgewachsenen Dreitausender. Ein solcher ist das Fernerköpfl aber unzweifelhaft – und auf seinem Gipfel steht man in einer hochalpinen, ja geradezu arktisch anmutenden Welt. Umso bemerkenswerter, dass der Wirt der Rieserfernerhütte 1992 nahe seines hochgelegenen Refugiums Kleidungsreste fand, die ins 6.–8. Jahrhundert vor Christus datiert wurden!

KURZINFO

Talort: Sand in Taufers, 878 m. Hauptort im Tauferer Tal, Bus 450 von Bruneck (Bhf. der Pustertalbahn) nach Sand i.T., von dort weiter mit Bus 452.
Ausgangspunkt: Parkplatz beim Weiler Säger, 1530 m, im Reintal zwischen Sand und Rein (talein: links der Straße); Hst. Säge der Buslinie 452.
Gehzeit: 9¾ Std. (sehr zu empfehlen mit Übernachtung auf der Rieserfernerhütte, dann 4¼ + 5½ Std.)
Höhenunterschied: 1740 m.
Anforderungen: Im Verhältnis zur Höhe und zum hochalpinen Ambiente unschwierige Bergtour; trotzdem braucht man Ausdauer, Trittsicherheit und fürs letzte Stück zum Gipfelrücken auch etwas Felsgewandtheit (Tendenz zu »schwarz«). Bei der Variante Gletscherbegehung (Spalten!), was entsprechende Erfahrung und Ausrüstung voraussetzt (»schwarz«).
Einkehr/Übernachtung: Rieserfernerhütte, 2791 m (AVS, Tel. +39 0474 492125); Variante: Kasseler Hütte, 2276 m (Hochgallhütte, Rif. Roma, CAI, Tel. +39 0474 672550).
Variante: Hochalpine Route über das Frauenköpfl, 3251 m (I, brüchig!), auf den Magerstein, 3273 m; Abstieg zuerst über den NO-Grat (I-), dann am Rand des Tristenkees (Spalten!) bergab, ggf. mit Steigeisen; das Eis wird noch oberhalb der Zunge nach rechts verlassen auf anfangs wegloses Gletschervorfeld (auf Steinmänner achten!); über die Kasseler Hütte schließlich nach Rein; per Anhalter oder Bus 452 zum Ausgangspunkt.
Karten: Freytag & Berndt 1:50.000, WKS 3: Pustertal, Bruneck, Drei Zinnen. Tabacco 1:25.000, Blatt 035: Ahrntal, Rieserfernergruppe.

1. Tag: Vom Parkplatz bei Säger (1) am Fußweg neben der Straße gut 300 m talaus (oder von der Bus-Hst. 100 m talein) zur Brücke über den Reinbach (2), über die die nahe Putzer Alm erschlossen ist. Die Alm las-

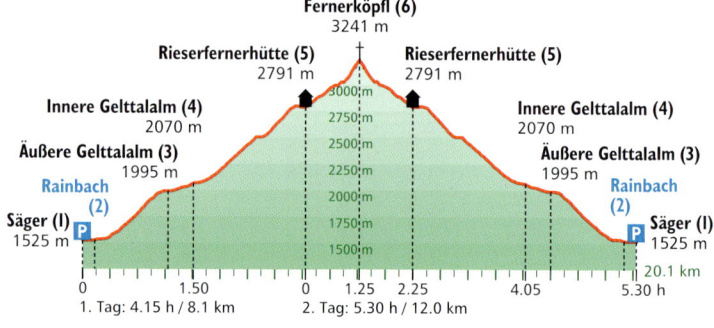

Die Rieserfernerhütte, seit 1980 an Stelle der 1903 erbauten Fürther Hütte.

Der Gemsbichlsee neben der Rieserfernerhütte, darüber – links der Bildmitte – der Magerstein und im Hintergrund der Wildgall.

sen wir rechts zurück und folgen dem Weg Nr. 3. Der gewinnt gleich zügig an Höhe, durchquert eine Zone mit Felssturzmaterial und leitet oberhalb des Geltbachs zur **Äußeren Gelttalalm (3)**, 1995 m. Durch flacheres Gelände gelangen wir zur **Inneren Gelttalalm (4)**, 2070 m. Dort wechseln wir die Talseite. Nach einer ansteigenden Querung führt der Weg über mehrere Bäche, um sich dann in zahlreichen Serpentinen zur verblüffend flachen Passlandschaft des **Gemsbichljochs** (auch »Gänsebichljoch«) – dem Standort der **Rieserfernerhütte (5)**, 2791 m – hinaufzuschlängeln.

2. Tag: Die Hütte verlassen wir auf deutlichem Pfad nach Norden hinauf. Bald geht es zwischen zwei auffälligen Steinmandln durch und über eine Wasserleitung drüber. Dort wird ein deutlicher Weg nach links ignoriert und stattdessen dem schmäleren markierten Weg gefolgt. Der führt zunächst auf die Gelttalspitze zu, quert dann aber bald durch deren Ostflanke (im Frühsommer Schneehänge, wenn gefroren evtl. Grödel anlegen). Noch unter dem kleinen Sattel zwischen Gelttalspitze und dem Fernerköpfl wendet sich der Steig vorübergehend nach rechts und windet sich dann auf dem hellen Tonalit des Rieserferner-Plutons durch die Südwestflanke unseres Gipfelziels empor. Auf den letzten Zehnermetern unter der Kammlinie ist die Route nicht mehr eindeutig vorgegeben – was aber kein Problem ist, wenn man in leichter Blockkraxelei direkt nach oben steigt. Bei einem Wegweiser erreicht man den Südostrücken und von dort nach links gleich darauf den Gipfel des **Fernerköpfls (6)**, 3241 m.

Abstieg auf dem Anstiegsweg.

Blick vom Fernerköpfl über die Gelttalspitze hinweg auf die beiden Restflächen des Gelttalferners. Unser Anstieg führt von der Rieserfernerhütte (rotes Dach links der Bildmitte) durch die Ostflanke der Gelttalspitze.

Das Tristenkees (Westlicher Rieserferner) mit seiner Felsumrahmung. Rechts der Schneebige Nock, der zweite Felsgupf links davon ist das Fernerköpfl. Bei der Variante steigen wir über das links anschließende Frauenköpfl (fehlt auf allen Karten) auf den Magerstein (ganz links). Den Gletscher betreten wir dann bei seinem Eck ganz links oben und verlassen ihn wieder neben dem unteren Ende des begrenzenden dunklen Felsgrates.

Rieserfernergruppe

27 Rammelstein, 2483 m

Über die Gönner Alm und den Hochnall

Abwechslungsreiche Runde an einem Pusterer Wanderklassiker
Das größte Erdpyramidenvorkommen des Pustertals, eine wunderschöne Bergheide am Nordwesthang des Hochnall und nicht zuletzt der Rammelstein selbst als ein Aussichtsgipfel par excellence – das sind die Highlights dieser Tour. Die Erdpyramiden bestehen aus Moränenmaterial, das durch Decksteine aus widerstandsfähigem Rieserferner-Tonalit geschützt ist.

KURZINFO

Talort: Nasen, 1014 m, nördlich oberhalb der Pustertalstraße, Abzweigung und Haltestelle der Buslinie 421 zwischen Percha und Neunhäusern.
Ausgangspunkt: Aschbach, 1336 m; Zufahrt auf schmaler Bergstraße.

Die Plattener Erdpyramiden.

Gehzeit: 7¼ Std.
Höhenunterschied: 1200 m.
Anforderungen: Trittsicherheit, für den Abstieg vom Hochnall auch guter Orientierungssinn sowie ein waches Auge für Wegspuren und Markierungen.
Einkehr/Übernachtung: Gönner Alm, 1975 m; Hofschank Niedristhof im Ausgangsort Aschbach, 1336 m.
Variante: Abstieg am Anstiegsweg (Verzicht auf Hochnall-Überschreitung); dafür besser an einem der beiden geräumigen Parkplätze (1430 m bzw. 1440 m) nach Oberwielenbach starten, von wo beschilderte Wege in 1¾ Std. ebenfalls zur Gönner Alm führen. Zufahrt, auch per Bus 431, von Percha.
Karten: Freytag & Berndt 1:50.000, WKS 3: Pustertal, Bruneck, Drei Zinnen. Tabacco 1:25.000, Blatt 032: Antholz, Gsies.

Direkt an der Asphaltstraßenkehre am oberen Ende des Weilers **Aschbach (1)** setzt eine sanft steigende Schotterstraße an, der wir folgen. Zunächst ignorieren wir alle Abzweigungen nach unten und oben, auch jene zur Aschbachalm (von dort werden wir am Ende der Tour zurückkommen). Gleich nach dem **Naturpark-Schild** kommt ein Wendeplatz. Dort steigen wir auf einem schmalen Pfad nach links hinunter. Stellenweise recht steil kommen wir so zum **Litschbach**, der auf der Krone eines kleinen Wehres (Wildwasserverbauung) überquert wird. Auch wenn's nicht so aussieht: Jen-

seits geht es weiter, und zwar steil bergauf zu einer Verzweigung; dort rechts und über abschüssigen (!) Waldboden aufwärts. Bei den ersten (ungesicherten) Blicken auf die **Erdpyramiden (2)** ist Vorsicht geboten: manche Graspolster sind schon unterhöhlt. Doch bald sichern Geländer die Stellen mit der besten Aussicht auf das Naturphänomen.

Von der höchsten Aussichtsplattform quert ein bequemer Spazierweg nach Westen, der bei einer Schautafel auf eine **Straßenkehre** trifft. Der Asphaltstraße folgen wir leicht ansteigend nach rechts. Im Wald verlassen wir die mittlerweile kiesige Straße und folgen dem Wegweiser zur Gönner Alm nach rechts in den Wald hinauf. Der Pfad überquert bald eine Schotterstraße. Der nächsten Schotterstraße folgen wir kurz nach links, um sie an der gleich folgenden Kehre wieder zu verlassen: Wir gehen auf einem wieder schmalen Bergpfad geradeaus weiter. Stellenweise steil, vorbei an einer gefassten **Quelle** (Hmm!), gelangen wir wiederum auf eine Forststraße, auf der wir zunächst ohne Richtungsänderung weiter wandern. Die gleich anschließende

Am Rammelstein. Blick ins obere Antholzer Tal.

Abzweigung nach unten ignorieren wir. Zur Gönner Alm geht es dann entweder auf der weit ausholenden Forststraße oder auf einem nach rechts hinauf abkürzenden Pfad. Wo sich die Almfläche öffnet, könnte man die Almhütte ignorieren und direkt Richtung Rammelstein weitergehen – aber wer kann und will jetzt einer gemütlichen Einkehrmöglichkeit widerstehen? Nach der Stärkung auf der Gönner Alm (3), 1975 m, nimmt man den Weg, der etwas höher als beim Anstieg wieder zum Hauptweg zurückquert; diesen erreicht man nahe einer kleinen Hütte, wo wir uns der Markierung 6 folgend nach rechts wenden. Die Bäume werden weniger und schließlich durchquert man eine faszinierende Bergheide mit herrlichen Ausblicken. Wenn man die nach rechts abzweigenden Steigspuren ignoriert, kommt man etwas unterhalb des Bergrückens querend zur kleinen Lochlacke, 2283 m. Nach kurzem Zwischenabstieg leitet ein etwas steilerer und felsigerer Pfad schließlich direkt auf den Rammelstein (4), 2483 m.

Zurück an der Lacke, lösen sich Freunde einsamer Landschaften nach links vom Anstiegsweg und ziehen weitgehend weglos über einen breiten, teils plateauartig ausgeprägten Bergrücken. Nach dem Hochnall (5), 2337 m, halten wir die Grundrichtung Süd bei und steigen – eine auffallende Rippe kreuzend – auf einem Pfad hinab in den Wald. Dort treffen wir auf eine querende Kiesstraße, der wir nach rechts folgen. So kommen wir zur Lichtung der Redensberger Alm (6). Dort gehen wir an einem einzelnen Gebäude vorbei, bei einem Gebäudepaar verlassen wir den Fahrweg nach links und folgen einem zügig bergabführenden Pfad. Mit einem wieder breiteren Weg nach rechts geht es wieder in den Wald, der uns auf dem restlichen Weg (Nr. 4a, Verzweigungen beschildert) bis fast zum Ausgangspunkt (1) begleitet.

Rieserfernergruppe

Fenner Eck, 3123 m

Über Riepenscharte und Roßhornscharte ★★

Hochalpine Tour mit Hüttenübernachtung in Osttirol
Der Gipfel des Fenner Ecks ist eine relativ unscheinbare Schuttkuppe und wäre alleine deshalb kaum einen Besuch wert. Die Höhe deutlich über der 3000er-Grenze, die ungewöhnlich aussichtsreiche Lage auf der Patscher Schneid zwischen Süd- und Osttirol, der alpine Anstieg über eine steile Felsflanke und nicht zuletzt die urgemütliche Barmer Hütte machen die Tour aber zu einem unvergesslichen Erlebnis.

KURZINFO

Talort: Antholz-Obertal, 1429 m; Zufahrt durchs Antholzer Tal (Abzweigung von der Pustertalstraße bei Olang) oder vom Osttiroler Defereggental über den Staller Sattel (Einbahnregelung).
Ausgangspunkt: Parkplätze an der Straße Richtung Staller Sattel zwischen Huberalm und Biathlon-Zentrum, 1640 m. Bus 421 von Bruneck und Olang.
Gehzeit: 11 Std. (sehr empfehlenswert mit Übernachtung in der Barmer Hütte, also gut 4 Std. + knapp 7 Std.).
Höhenunterschied: 2050 m.
Anforderungen: Hochalpine Bergtour; sie verlangt Trittsicherheit in rauem Felsgelände, im Frühsommer auch auf Firnresten. Die mäßig gesicherte Steilstufe unter der Roßhornscharte erfordert Felsgewandtheit und Schwindelfreiheit.
Einkehr/Übernachtung: Barmer Hütte, 2610 m (DAV, Tel. +43 664 9489413, oder +39 346 9868673); Variante: Oberseehütte, 2016 m (Tel. +43 680 1182971).
Variante: Zur Barmer Hütte weit ausholend über den Staller Sattel (per Anhalter oder 1¼ Std. zu Fuß), die Jägerscharte (oben brüchiges Steilgelände, gesicherte Stellen) und das Moränen- und Toteisgelände des abschmelzenden Almerkees (genau auf Markierungen achten!); vom Staller Sattel 3¾ Std., einschließlich lohnendem, leichtem Abstecher aufs Almerhorn, 2985 m, 4½ Std.; beschildert.
Karten: Freytag & Berndt 1:50.000, WKS3: Pustertal, Bruneck, Drei Zinnen. Tabacco 1:25.000, Blatt 035: Ahrntal, Rieserfernergruppe.

Die Barmer Hütte im ersten Sonnenlicht.

Rieserfernergruppe

1. Tag: Von den Parkplätzen an der Straße **(1)** gehen wir zur Jausenstation **Tiroler Hütte** und von dort auf breitem Weg neben einem eingezäunten Grundstück über den Abfluss des Antholzer Sees. Der Weg verzweigt sich sogleich; wir folgen dem geradeaus führenden Weg. Über zwei Asphaltbänder (worauf im Sommer Langläufer auf Rollen trainieren, im Winter Loipen angelegt sind) geht es geradeaus hinweg und auf dem Wanderpfad mit der **Markierung 39** in den Wald. Der trifft bald auf einen Fahrweg, den wir aber nur für wenige Meter tangieren: wir folgen der Kehre nicht nach rechts, sondern gehen über ein Bächlein hinweg geradeaus in den Wald (Mark. 39 an Baum). Nach weiteren Pfadabkürzungen geht es schließlich doch nur noch auf dem Fahrweg weiter, und zwar sanft aufwärts nach rechts. 30 m nach einer **Bachfurt** folgen wir dem nach links hinaufführenden Fahrweg – aber nur gut 50 m, bis vor einer weiteren Furt unser Weg nun endgültig als Wanderpfad nach rechts abzweigt, markiert durch eine »39« auf Holzpflock und weißem Pfeil auf Stein. Der leitet nun durch zunehmend

Blick auf den Hochgall (Bildmitte) und die Barmer Spitze (links).

lichteren Wald aufwärts. Im freien Gelände quert der Weg unter einem einladend wirkenden Kar scheinbar unmotiviert nach links. Erst hinter einem Felskamm zieht der nun recht steinige Pfad nach rechts hinauf. Über ein Meer von Felssturzblöcken gewinnt man mühsam an Höhe, bevor – überragt von der Kleinen Ohrenspitze – an der **Riepenscharte (2)**, 2764 m, der höchste Punkt des ersten Tourentags erreicht ist.

Jenseits folgen wir exakt den Steigspuren und Markierungen über das schuttbedeckte Toteis der ehemaligen Gletscherzunge des Patscher Kees auf die gegenüberliegende Talseite. Weiter talab überquert der Weg den Bach, 2588 m, und führt über grobes Geschiebe zur **Barmer Hütte (3)**, 2610 m.

2. Tag: Am nächsten Tag nehmen wir den Weg, der etwas weiter talab den Bach überquert. An den **Grundmauern** der alten Hütte, 2521 m, vorbei – der Talweg Nr. 8 bleibt rechts zurück – starten wir dann auf eine längere Querung durch die Hänge unter der Patscher Schneid nach Norden, direkt auf eine Felsflanke zu. Vor einer ersten Felswand weichen wir nach rechts aus und werden über ein Felsband geleitet. Neben einem Graben geht es dann

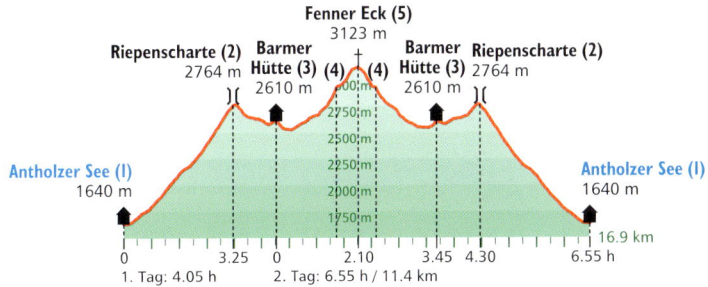

An der abschnittsweise gesicherten Felswand unter der Roßhornscharte.

Blick von der Riepenscharte auf den Antholzer See und die Dolomiten im Hintergrund.

durch Schrofengelände zu den ersten Sicherungen; die geben im weiteren Verlauf die Route vor. An etwas improvisierten Halteseilen wird eine meist feuchte **Rinne** nach rechts gequert, dann geht es über eine steile, gesicherte **Rampe** (Bild links) um eine Rippe, die man sich für den Abstieg gut einprägen sollte. Das gilt auch für den Ausstieg an der **Felskante (4)**, rund 2930 m, oberhalb der Roßhornscharte (2916 m). Dort wenden wir uns nach links, passieren eine Schuttkuppe und streben nach einer Senke auf gutem Plattenweg über einen oft mit Schneeresten durchsetzten Schutthang zum **Lenksteinjoch** (3082 m) hinauf. Dort verlassen wir die Pfadspuren des hochalpinen Übergangs zur Hochgallhütte und steigen nach links weglos über wenig steiles Schuttgelände hinauf zum Gipfel des **Fenner Eck (5)**, 3123 m.

Beim Abstieg gehen wir vom Gipfel auf schwachen Steigspuren nahe der Geländekante kurz nach Osten hinab, halten uns noch vor der Senke links und stoßen bald wieder auf den Anstiegsweg. Darauf treten wir den Rückweg an. Dabei stellt sich die Frage, ob man sich noch eine Einkehr in der **Barmer Hütte (3)** gönnt oder sich den kurzen Aufstieg dorthin spart und parallel zum Bach direkt zur **Riepenscharte (2)** geht.

Antholzer Berge

Rote Wand, 2818 m

29

Vom Antholzer See über die Steinzger Almen ★★

Aug' in Aug' mit dem mächtigen Hochgall

Die Rote Wand ist der höchste Gipfel der Berggruppe zwischen dem Antholzer und Gsieser Tal. Durch seine Lage direkt gegenüber den gigantisch hohen Südflanken des Hochgall und seiner Trabanten hat man Ausblicke, die in mancher Hinsicht schon an die Westalpen erinnern. Auch die Tour selbst weist einen satten Höhenunterschied auf, wenn man – wie hier vorgeschlagen – am Antholzer See startet. Damit ergibt sich die Möglichkeit zu einer abwechslungsreichen Rundtour durch abgeschiedene Berglandschaften.

KURZINFO

Talort: Antholz-Obertal, 1429 m; Zufahrt durchs Antholzer Tal (Abzweigung von der Pustertalstraße in der Olanger Talweitung), Bus 431 von Bruneck und Olang. Pkw-Zufahrt auch vom Osttiroler Defereggental über den Staller Sattel.
Ausgangspunkt: Parkplatz zwischen Ostende des Sees und Enzianhütte.
Gehzeit: 6¾ Std.
Höhenunterschied: 1260 m.
Anforderungen: Lange Bergtour, die Kondition, Trittsicherheit und einen wachen Blick für den Pfad erfordert.
Einkehr: Untere Steinzger (Montal-) Alm, 1891 m.
Varianten: A) Abstieg am Anstiegsweg, ca. 1 Std. weniger. B) Abstieg zum Staller Sattel und weiter auf markiertem Fußweg (oder per Anhalter) zum Ausgangspunkt – erspart Zwischenaufstieg, bringt aber nur wenig Zeitersparnis.
Karten: Freytag & Berndt 1:50.000, WKS 3: Pustertal, Bruneck, Drei Zinnen. Tabacco 1:25.000, Blatt 032: Antholzer Tal, Gsieser Tal.

Lawinensicher gebaut: die Obere Steinzger Alm an der Roten Wand.

Blick vom Gipfel der Roten Wand auf den Antholzer See.

Oberhalb der Enzianhütte am **Antholzer See (1)** folgen wir einem gekiesten Weg, der (talauf blickend) spitzwinklig nach rechts abbiegt. Nach knapp 100 Metern zweigt kurz vor einem Bach der Weg zum Staller Sattel (Mark. 11) nach links ab. Wir gehen geradeaus über die Holzbrücke und in vielen Kehren hinauf zur **Unteren Steinzger Alm (2)**, 1891 m (auch: Montalalm). Über die Waldgrenze hinaus folgen wir dem Weg zur **Oberen Steinzger Alm (3)**, 2076 m. Die schaut aus, als wäre sie von einer Lawine plattgemacht worden – ist sie aber nicht, im Gegenteil: Sie wurde so geduckt gebaut, dass Lawinen darüberrauschen können, ohne der Hirtenunterkunft etwas anhaben zu können.

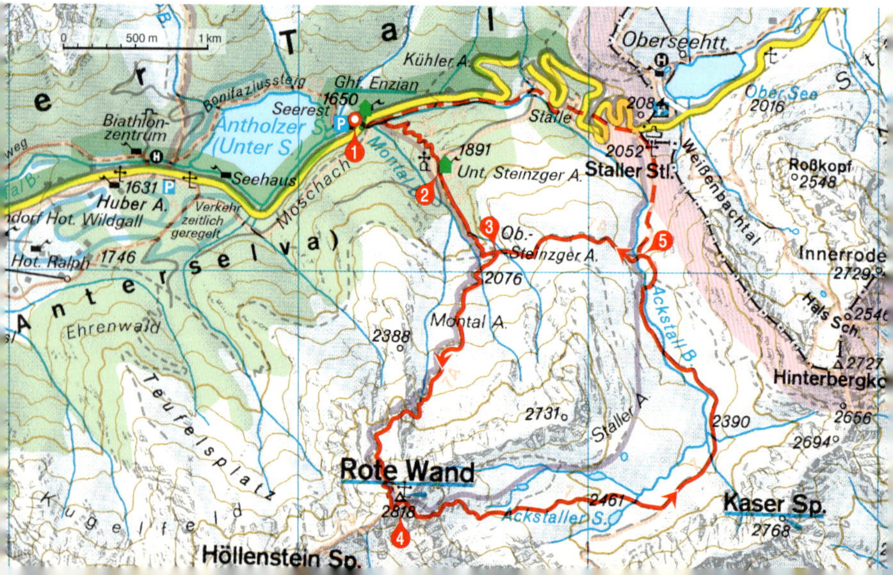

Hinter der Hütte wenden wir uns nach rechts. Stetig steigend quert der Weg nun durch einen Hang mit vielen Alpenrosen. Sobald die weniger dicht stehen, wird der Weg zu einem immer undeutlicheren Steiglein, stellenweise verliert er sich sogar auf den Almweiden. Rot-weiße Markierungen zeigen aber den rechten Weg an, der nach rechts tendierend über einige Geländeschwellen auf das Massiv der Roten Wand zustrebt. Das Gipfelkreuz ist zwar schon sichtbar, aber noch weit weg! Vorher müssen wir erst noch mühsam über einen Schutthang hinaufsteigen in die Scharte rechts des Gipfels. Ein kurzes Gratstück leitet schließlich zum Kreuz auf der **Roten Wand (4)**, 2818 m.

Abwärts folgen wir dem Steig, der über einen Felsrücken ein Stück nach Südosten hinabführt. Der Weg wendet sich bald nach links und quert dann das weite Becken der **Staller Alm**. Es ist das Quellgebiet des Ackstallbaches, der im weiteren Verlauf die Richtung vorgibt. Nach Norden talaus wandernd trifft man auf eine **Brücke (5)**, 2176 m, über die unser Weg 7a nach links abzweigt (geradeaus: Variante). Nach ansteigender Querung geht es in einem Linksbogen über einen **Wiesenrücken**,

Am Ackstallbach. Blick aufs Almerhorn (Variante Tour 28).

Der Nebengipfel der Roten Wand.

2261 m, und auf schwachen Steigspuren hinab zur **Oberen Steinzger Alm (3)**.

Am Anstiegsweg kehren wir über die **Untere Steinzger Alm (2)** zurück zum **Antholzer See (1)**.

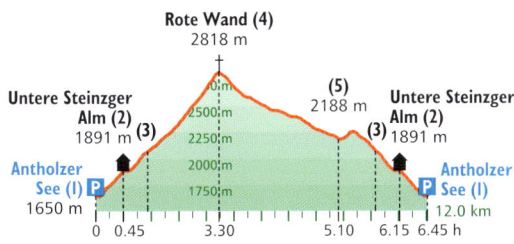

Gsieser Berge

30 Hochkreuzspitze, Riepenspitze, 2774 m

Über die Uwaldalm und die Gsieser Lenken

Gipfelparade zwischen Gsies und Villgraten
Hochkreuzspitze und Riepenspitze sind Hauptgipfel des Gebirgskammes zwischen dem Osttiroler Villgratental und dem Südtiroler Gsieser Tal. Trotz der topografischen Trennung gab und gibt es zwischen der Bevölkerung dieser Täler aber auch viel Austausch über die »Lenken«, also über die Jöcher. Der Geschichte dieser traditionsreichen Beziehung widmete der Osttiroler Anton Draxl ein eigenes Buch – es heißt »Über die Jöcher«.

KURZINFO

Talort: St. Magdalena in Gsies, 1398 m, Zufahrt durchs Gsieser Tal von Welsberg im Pustertal.
Ausgangspunkt: Talschlusshütte, 1465 m; Endhaltestelle der Buslinie 441 von Welsberg (Bhf.) und Parkplätze auf beiden Seiten des Pidigbaches.
Gehzeit: 9 Std.
Höhenunterschied: 1600 m.
Anforderungen: Ausdauer und Trittsicherheit, für die Überschreitung der Riepenspitze (I-) ist auch etwas Felsgewandtheit und Schwindelfreiheit von Vorteil.
Einkehr: Uwaldalm, 2042 m; Stumpfalm, 1968 m; Talschlusshütte, 1465 m.
Variante: Bei Verzicht auf die relativ anspruchsvolle Riepenspitze bleibt es bei »roter« Schwierigkeit und gut 6 Std. Gehzeit. Dazu am Anstiegsweg bis zur Verzweigung unterhalb des Pfoisees zurückgehen und dort nach links über die Pfoialm absteigen.
Karten: Freytag & Berndt 1:50.000, WKS 3: Pustertal, Bruneck, Drei Zinnen. Tabacco 1:25.000, Blatt 032: Antholzer Tal, Gsieser Tal.

Die letzten Meter zur Hochkreuzspitze. Links im Hintergrund der Hochgall.

Am Weg zur Uwaldalm. Rechts im Hintergrund das Deferegger Pfannhorn.

Von den Parkplätzen bei der **Talschlusshütte (1)**, 1465 m, folgen wir dem Höfesträßchen, das östlich des Pidigbachs talein führt. Bei den folgenden Verzweigungen gehen wir mit der Wegweisung zur Uwaldalm erst links, dann rechts. Bei einer letzten **Parkgelegenheit**, 1505 m, zweigen wir nach rechts auf einen Karrenweg ab. Der überquert bald einen Bach. Nach einigen recht steilen Abschnitten wird auch der **Pfoibach** überschritten. Über eine Feldwegkreuzung gerade hinweg treffen wir links haltend bald auf ein Kiessträßchen. Dem folgen wir nach oben, bis uns die Wegweisung zur Uwaldalm nach links schickt. Zuerst durch Wald, dann über freie Almwiesen gelangen wir auf beschilderten Abkürzungspfaden oder auf dem gekiesten Versorgungssträßchen zur aussichtsreichen **Jausenstation Uwaldalm (2)**, 2042 m.

Darüber zieht der Weg über einen breiten Rücken – die sogenannte

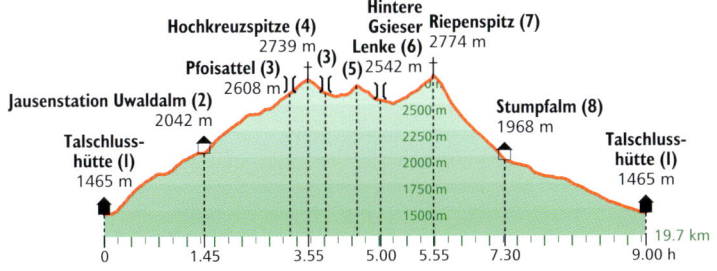

Geheimnisvoll: Der Schwarzsee auf der Osttiroler Seite des Gebirgskamms.

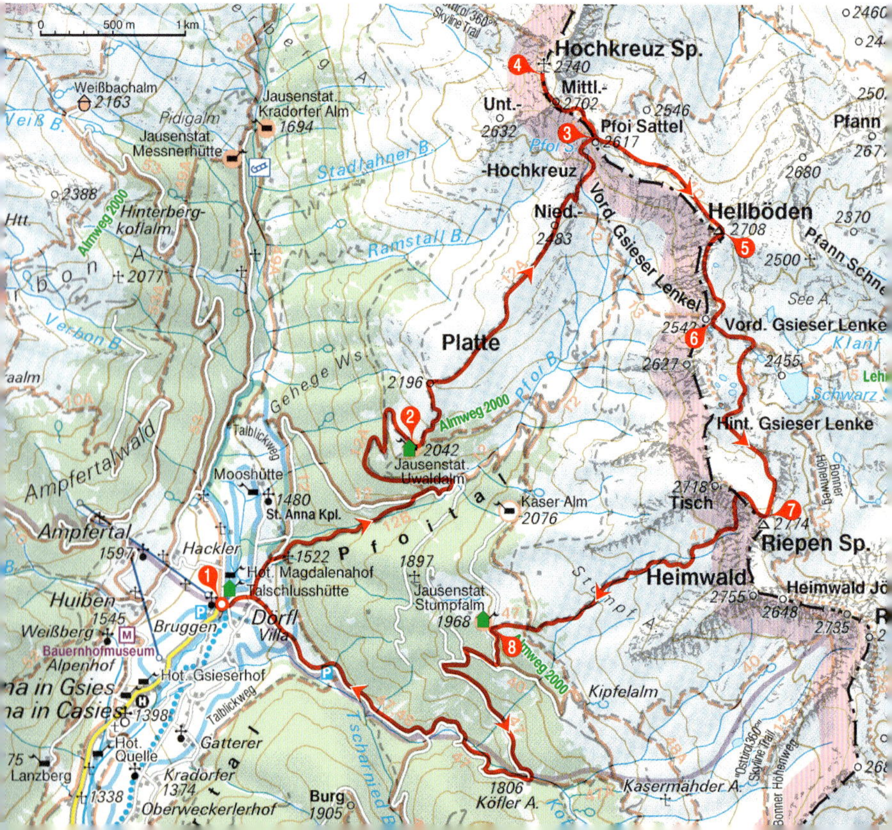

Platte – bergan. Dem Niederen Hochkreuz weicht der Weg durch etwas raueres Gelände nach rechts aus und trifft dann bald auf den Weg von der Pfoialm. Wir gehen an dieser Verzweigung links und erreichen nach einer Geländestufe den **Pfoisee**. Der wird links umgangen, dann geht es in einem Rechtsbogen auf den flachen **Pfoisattel (3)**, 2608 m. Dort links, gelangen wir über einen breiten Vorgipfel hinüber zum kreuzgeschmückten Gipfel der **Hochkreuzspitze (4)**, 2739 m, (die folgende, kreuzlose Graterhebung ist noch 2 m höher).

Zurück am Pfoisattel, ziehen wir auf teils nur sehr schwachen Steigspuren auf die Kuppe der **Hellböden (5)** zu. Die höchste Erhebung (2709 m) können wir links liegen lassen und über eine Wiese zu einem Sattel, der **Hinteren Gsieser Lenke (6)**, 2542 m (»Inneres Schartl«, in der Karte auf der gegenüberliegenden Seite sind »Hintere« und »Vordere« vertauscht), hinuntergehen. Dort treffen wir den Übergang Pfoialm – Schwarzsee. Auf den See halten wir vorübergehend zu, wandern dann aber nach rechts, also weiter Richtung Süden. Immer links eines Felskamms folgen wir den Steigspuren durch zunehmend felsiges Gelände. Dabei halten wir auf die markante Pyramide der Riepenspitze zu, um schließlich den Ansatz des linken Grats anzusteuern. Darauf gelangen wir mit leichten Kraxeleinlagen auf den Gipfel der **Riepenspitze (7)**, 2774 m.

Beim Abstieg kraxeln wir über den Nordwestgrat hinab, bis eine Markierung den Weg in die Flanke links unter uns anzeigt (nicht über eine möglicherweise verlockende Rampe kurz zuvor!). Wir halten uns in der recht steilen Flanke so weit wie

Die Riepenspitze im Frühsommer. Der Aufstieg erfolgt über den Nordostgrat (links), der Abstieg über den Nordwestgrat (rechts).

möglich an die Steigspuren unseres Weges Nr. 47; die sind aber durch Erosionsrinnen immer wieder unterbrochen – etwas Gespür fürs Gelände ist hier also schon gefragt. Unten, im Karboden, leitet dann ein schwach ausgeprägter Weg talaus. Der wird dann Richtung Baumgrenze noch undeutlicher. Dort gehen wir mit Tendenz nach rechts über einen Rücken, um dann – wieder auf einem Weg – zur **Stumpfalm (8)**, 1968 m, zu gelangen.

Auf dem nach Süden hinabführenden Güterweg, der im unteren Abschnitt mit einer Naturrodelbahn einhergeht, schlendern wir zurück zum Ausgangspunkt **(1)**.

Villgratner Berge

31 ▶ Toblacher Pfannhorn, 2663 m

Von Kandellen übers Pfanntörl

Hoher Grasberg mit Prachtblick zu den Dolomiten
Das Toblacher Pfannhorn zählt zu den besten Aussichtsbergen überm Pustertal. Beim »Fern-sehen« am Gipfel oder auf der Terrasse der gemütlichen

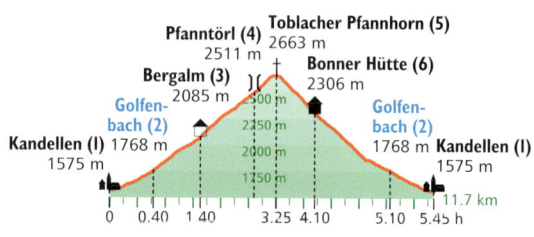

Bonner Hütte begeistert vor allem der Blick auf die schroffen Sextener Dolomiten. Im Gegensatz zu diesen zeigt sich das Pfannhorn als Grasberg, der kaum alpinistische Anforderungen stellt.

KURZINFO

Talort: Toblach, 1241 m, Wasserscheide zwischen Adria und Schwarzem Meer; Bhf. der Pustertalbahn.
Ausgangspunkt: Parkplatz Kandellen, 1575 m; Zufahrt über Wahlen (Bus 448) Richtung Silvestertal, bei Verzweigung (1391 m) mit vielen Wegweisern links, dann geradeaus; zweite Rechtsabzweigung nach Kandellen.
Gehzeit: 5¾ Std.

Höhenunterschied: 1090 m.
Anforderungen: Ausdauer, im Sommer ggf. Hitzeresistenz (kaum Schatten, Sonnenhut!); etwas Trittsicherheit vorteilhaft, sonst bei trockenem Boden und guter Sicht ohne nennenswerte Schwierigkeiten.
Einkehr: Bonner Hütte, 2306 m Tel. +39 340 9428264; in Kandellen Seiterhof und Ghs. Bergrast.
Karten: Freytag & Berndt 1:50.000, WKS 3: Pustertal, Bruneck, Drei Zinnen. Tabacco 1:25.000, Blatt 010: Sextener Dolomiten.

Der schmucke Seiterhof in Kandellen am Fuß des Toblacher Pfannhorns.

Am Nordrücken. Blick übers Pfanntörl, am Horizont die Venedigergruppe.

Vom Parkplatz Kandellen (1) spazieren wir auf dem nach Osten führenden Sträßchen am Gasthaus Bergrast vorbei in den Wald. Nach der Brücke über den Golfenbach (2) zweigen wir nach links ab und wandern in sanfter Steigung talein. Bei der Bergalm (3), 2085 m, folgen wir dem oberhalb der Hütte ansetzenden, anfangs etwas unscheinbaren Pfad. Der zieht durch die in Gehrichtung linke Seite des Hochtales zum Pfanntörl (4), 2511 m, hinauf. Von dort nach rechts führt ein stellenweise rauer Bergpfad über den Nordrücken zum Gipfelkreuz am Toblacher Pfannhorn (5), 2663 m. Der Abstieg leitet zunächst ein Stück über den Westrücken und wendet sich dann nach links hinab, um über die Südflanke zur grandios gelegenen Bonner Hütte (6), 2306 m, zu führen. Darunter folgt ein serpentinenreicher Weg. Dieser trifft im Wald auf eine Kiesstraße, die zum Golfenbach (2) und damit zur Anstiegsroute führt.

Karnischer Hauptkamm

32 Hornischegg, 2550 m

Karnischer Höhenweg über den Helm

Almrausch soweit das Auge reicht

Die Auffahrt per Helmbahn erschließt die westlichsten Abschnitt des Karnischen Höhenwegs. Mit dem vorgestellten Rückweg über die Klammebenhütte ergibt sich eine ausgesprochen abwechslungsreiche Runde – eine sehr aussichtsreiche noch dazu, ist man doch ständig vor der großartigen Kulisse der Sextener Dolomiten unterwegs. Zur rechten Zeit im Frühsommer streift man bei dieser Tour auf weiten Strecken durch wahre Alpenrosen-Meere. Ein unvergessliches Erlebnis!

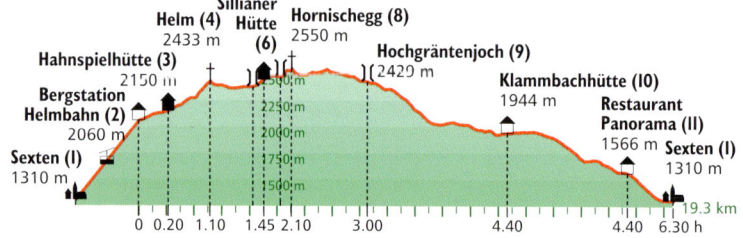

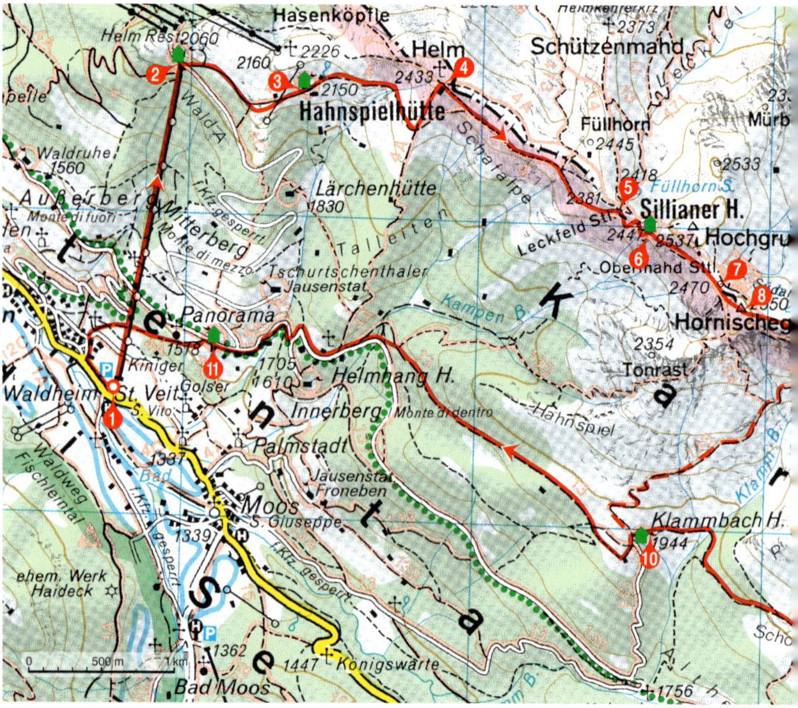

Karnischer Hauptkamm

KURZINFO

Talort: Sexten, 1302 m, Buslinie 446 von Innichen (Bahnhof. der Pustertalbahn).
Ausgangspunkt: Helmbahn, Bergstation auf 2050 m (www.dreizinnen.com); Parkplatz der Talstation am südöstlichen Ortsrand von Sexten (Ortsteil St. Veit), 1310 m; Haltestelle Bus 446.
Gehzeit: 6½ Std.
Höhenunterschied: 580 m aufwärts, 1320 m abwärts.
Anforderungen: Ausdauer sowie Trittsicherheit für teils schmale Bergpfade; Orientierungssinn ist vorteilhaft, bei Nebeleinfall Voraussetzung.
Einkehr/Übernachtung: Helm-Restaurant, 2060 m; Hahnspielhütte, 2150 m (Tel. +39 0474 830046); Sillianer Hütte, 2447 m (ÖAV, Tel. +43 664 5323802); Klammbachhütte, 1944 m; Restaurant Panorama, 1566 m.
Variante/Abkürzung: Nach dem Hornischegg nach rechts auf dem Weg 133 direkt hinab zur Klammbachhütte (gut 1 Std. Gehzeit weniger).
Karten: Freytag & Berndt 1:50.000, WKS 3: Pustertal, Bruneck, Drei Zinnen. Tabacco 1:25.000, Blatt 010: Sextener Dolomiten.

Von **Sexten (1)** gondeln wir hinauf zur **Helmbahn-Bergstation (2)**, 2050 m. Dort folgen wir dem nach rechts führenden Fahrweg. Er leitet an der **Hahnspielhütte (3)**, 2150 m, vorbei durch den Westhang des

Soldatendenkmal (Erster Weltkrieg) und See am Hochgräntenjoch.

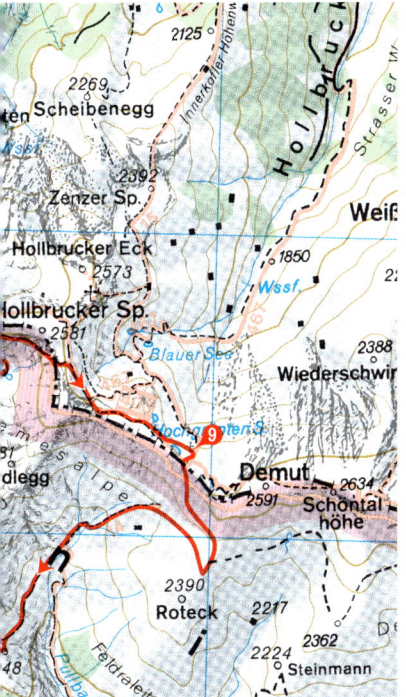

Karnischer Hauptkamm

Der Helm mit seinem verfallenden Gipfelhaus.

Helm. Auf seinem Westrücken zweigen wir nach links ab und steigen über einen Pfad auf den Gipfel des Helm (4), 2433 m. Die Hütte am Gipfel mag aus großer Entfernung noch reizvoll erscheinen, aus der Nähe betrachtet ist sie schlicht eine Ruine. Also konzentrieren wir uns lieber auf die Aussicht – die ist nämlich großartig. Über bzw. nahe dem Südrücken folgen wir nun dem Weg zum Leckfeldsattel (5), 2381 m, hinab und damit zum Versorgungssträßchen, das sich zur Sillianer Hütte (6), 2447 m, hinaufschlängelt.

Dort lassen wir den Weg zur Hochgruben links zurück und wandern auf dem Höhenweg weiter zur Verzweigung am Obermahdsattel (7), 2470 m, vor dem nächsten Gipfel. Der liegt so ideal am Weg, dass wir ihn »mitnehmen«, also überschreiten sollten. Dazu nehmen wir den Pfad, der halbrechts bergaufquert und bei einer alten Stellung nach links zum Hornischegg (8), 2550 m, hinaufführt. Östlich des Gipfels treffen wir wieder auf den Höhenweg. Eine Abzweigung, 2480 m, zur Klammbachhütte ignorieren wir, es sei denn, wir wollen der Variante folgen. Wenn wir nicht alle Gipfel am Weg einsammeln wollen, lassen

Zwischen dem Hochgräntenjoch und der Klammbachhütte wandert man im Frühsommer durch ein Meer von Alpenrosen – ein Fest fürs Auge.

Alm-Idyll bei der Klammbachhütte. Im Hintergrund lugen die Sextener Dolomiten aus den Wolken.

wir die Hollbrucker Spitze links liegen und nehmen stattdessen den schmalen Weg, der durch ihre abschnittsweise steile Südwestflanke quert. Auf einem breiten Bergrücken streben wir aufs **Hochgräntenjoch (9)**, 2429 m, zu. Dort, nahe dem Schwarzsee, erinnert eine Gedenkstätte an die gefallenen Soldaten des Ersten Weltkriegs.

Wir lösen uns hier vom Karnischen Höhenweg (der steil zum Demut ansteigt) und folgen stattdessen dem etwas unscheinbaren – in manchen Karten nicht verzeichneten – Pfad, der nach rechts in den Hang quert und auf das südlich vorgelagerte Roteck zuführt. Im kleinen **Sattel**, 2354 m, davor wendet sich der Pfad nach rechts, überquert einen Bach und führt rechts desselben talaus. An einer Verzweigung folgen wir dem rechten, hangquerenden Pfad. Er führt um eine Hangschulter herum durch eine Feuchtzone. Nach Querung des Klammbachgrabens ist bald die **Klammbachhütte (10)**, 1944 m, erreicht.

Nun nicht dem Fahrweg folgen, sondern entlang einem Zaun (Bild) auf den südlich vorgelagerten Rücken und gleich darauf rechtwinklig nach rechts. Jetzt folgt eine lange Querung durch liebliche Alm- und Waldlandschaft. Nachdem unser Weg in einen breiten Fahrweg gemündet ist, halten wir die Grundrichtung bei und ignorieren die Wegweisung zur Helmhanghütte. Nach Querung eines weiteren Tälchens passieren wir die Festung Mitterberg und kommen zum **Restaurant Panorama (11)**, 1566 m. Unterhalb des Gebäudes schickt uns ein Wegweiser über einen Wiesenweg zur kleinen Kapelle beim darunter gelegenen Gehöft. Ein romantischer Pfad leitet schließlich durch eine bewaldete Steilstufe zurück nach **Sexten (1)**.

Sextener Dolomiten

33 Rund um die Drei Zinnen, bis 2454 m

Vom Fischleintal über Mezzo- und Paternsattel

Das Dolomitenwahrzeichen von allen Seiten

Die Drei Zinnen zählen zu den berühmtesten Bergen der Welt. Das liegt nicht an ihrer Höhe, sondern an ihrer unverwechselbaren und spektakulären Gestalt sowie den schwierigen Nordwandrouten, an denen Alpingeschichte geschrieben wurde. Auf der vorgestellten Wanderung kann man dieses einmalige Bauwerk der Natur von allen Seiten bewundern.

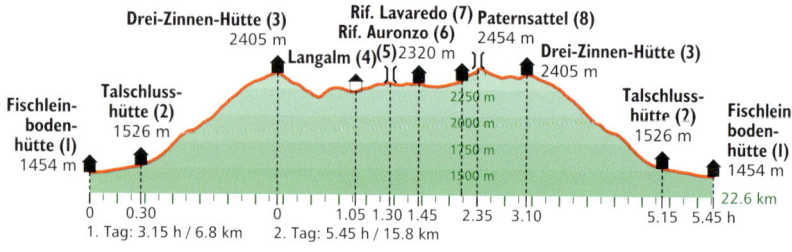

Gleich ist die Drei-Zinnen-Hütte erreicht. Dahinter die Kleine, Große und Westliche Zinne (von links), links im Bild der Paternkofel.

Sextener Dolomiten

KURZINFO

Talort: Sexten, 1337 m; Zufahrt von Innichen im Pustertal; Bus 446 von Innichen.
Ausgangspunkt: Großer Parkplatz bei der Fischleinbodenhütte, 1454 m; Zufahrt von Moos südlich von Sexten. Bus 446 von Sexten, Hst. beim Dolomitenhof.
Gehzeit: 9 Std. (mit Übernachtung auf der Drei-Zinnen-Hütte, mit Kindern auf jeden Fall: 3¼ Std. + 5¾ Std.).
Höhenunterschied: 1350 m.
Anforderungen: Bergwanderung, für die etwas Trittsicherheit stellenweise nicht schadet, insbesondere zwischen Col di Mezzo und Auronzohütte (eine gesicherte Stelle: Schwierigkeit »rot«).
Einkehr/Übernachtung: Talschlusshütte, 1526 m; Drei-Zinnen-Hütte, 2405 m (CAI, Tel. +39 0474 972002), Langalm, 2280 m; Auronzohütte, 2320 m (CAI, Tel. +39 0436 39002); Rif. Lavaredo, 2344 m (Tel. +39 349 602 8675). Variante B: Zsigmondy-Comici-Hütte, 2235 m (CAI, Tel. +39 0474 710358).

Varianten: A) Vom Paternsattel auf höher verlaufendem, rauem Bergpfad (»rot«) zur Drei-Zinnen-Hütte, gleiche Zeit. B) Stichtour bis Zsigmondy-Comici-Hütte, 2235 m (2½ Std. rauf, 1¾ Std. zurück): Bei der Verzweigung nach der Talschlusshütte links, nach schrofiger Geländestufe längere Querung; steiler, etwas ausgesetzter Schlussanstieg (»rot«).
Karten: Freytag & Berndt 1:50.000, WKS 3: Pustertal, Bruneck, Drei Zinnen. Tabacco 1:25.000, Blatt 010: Sextener Dolomiten.

Kleine Zinne (links) und Punta di Frida von Südosten.

1. Tag: Von der Fischleinbodenhütte (1), 1454 m, spazieren wir auf breitem Kiesweg talein. Bald nach der großen Wiese beim Hotel zweigt ein schmaler Wanderweg links ab – er führt auf einer reizvollen Variante in gleicher Zeit wie der breite Weg zur Talschlusshütte (2), 1526 m. Dort halbrechts weiter und in zunächst mäßiger Steigung zu einer Verzweigung. Den Weg zur Zsigmondy-Hütte (Variante) lassen wir links liegen und steigen auf eindeutigem Weg durchs Altensteiner Tal bergan. Die Bödenseen auf der Bödenalpe werden rechts umgangen, bevor der Weg unter dem Toblinger Riedel zur Drei-Zinnen-Hütte (3), 2405 m, hinaufquert.

2. Tag: Von der Hütte schlagen wir nun den Weg ein, der über Felsplatten Richtung Paternsattel erstmal bergabführt. Nach einer mit viel Holz ausgebauten Felsstufe treffen wir auf den Versorgungsweg und folgen dann dem gegenüber hinabführenden Pfad. Bei der nächsten Verzweigung halten wir uns links (Ww. »Lange Alpe«), bei der folgenden rechts und gehen somit in den grünen Kessel des Rienzbodens hinab. Dort zweigen wir links ab und gewinnen wieder zügig an Höhe. Auf der welligen Landschaft der Langen Alpe lädt die kleine Lang-

Am breiten Versorgungsweg vom Paternsattel zur Drei-Zinnen-Hütte konnte man früher Bergradler treffen, heute ist der Weg für Wanderer reserviert.

alm (4), 2235 m, zur Rast. An den Rienz-Ursprungseen vorbei gelangt man in die Westflanke des Zinnenkopfs, durch die zur Forc. Col di Mezzo (5), 2315 m, gequert wird. Eine weitere Querung (mit kurzer gesicherter Passage) führt zur Auronzohütte (6), 2320 m, mit ihren großen Parkplätzen. Wer das Ambiente dort nicht so einladend findet, geht auf dem nach Osten führenden, breiten Kiesweg gleich weiter und kehrt eine halbe Stunde später beim schnuckeligeren Rifugio Lavaredo (7), 2344 m, ein. Zum höchsten Punkt der Tour, dem Paternsattel (8), 2454 m, am Ostfuß der Kleinen Zinne gelangt man auf einem Wanderpfad oder der Fortsetzung des Versorgungsweges, der nach einer folgenden Hangquerung schließlich zur Drei-Zinnen-Hütte (3) führt.

Am Anstiegsweg wandern wir zurück zum Ausgangspunkt (1).

Zeit zum Staunen: Abend auf der Terrasse der Drei-Zinnen-Hütte.

Ziel der Variante: die Zsigmondy-Comici-Hütte. Im Hintergrund die frisch verschneite Westwand des Elfer (3092 m).

Pragser Dolomiten

34 Dürrenstein, 2839 m

Von der Plätzwiese über den Südwesthang ★★

Grandioser Aussichtsklassiker am Rand der Dolomiten
Eines der beliebtesten Gipfelziele der nördlichen Dolomiten ist der Dürrenstein. Und das zu Recht, bietet seine exponierte Lage doch herrliche Ausblicke auf die spektakuläre Felsszenerie der Dolomiten sowie – über das Pustertal hinweg – auf den Alpenhauptkamm mit seinen Eisriesen. Und für die Tour auf den beachtlich hohen Gipfel muss man nicht undedingt ein Konditionsbolzen sein – dank dem hochgelegenen Ausgangspunkt, der Plätzwiese. Diese liebliche Almlandschaft gehört zum Naturpark Pragser Dolomiten und bietet ausgedehnte, weitgehend flache Wander- und Spaziermöglichkeiten für weniger alpin ambitionierte Bergfreunde.

KURZINFO

Talort: Schmieden, 1222 m, Abzweigung von der Pustertalstraße zwischen Welsberg und Niederdorf.
Ausgangspunkt: Parkplätze, 1962 m und 1975 m, an der Plätzwiese, erreichbar mit Pkw oder Shuttlebus auf gut ausgebauter Mautstraße vom Gasthof Brückele (dort Großparkplatz, Hst. Bus 443).
Gehzeit: 4¾ Std.
Höhenunterschied: 900 m.
Anforderungen: Trittsicherheit und etwas Schwindelfreiheit zwischen Vor- und Hauptgipfel, sonst problemlos (»blau«). Kein Schatten!
Einkehr: Nahe dem Ausgangspunkt Berggasthof Plätzwiese (Plätzwiesenhütte, 1993 m) und Hotel Hohe Gaisl, 2000 m; an der Variante: Dürrensteinhütte, 2031 m.
Variante: Wie bei der Hauptroute bei der Kapelle links ab, eine Viertelstunde später den Dürrensteinanstieg verlassen und auf den Wanderpfad 40a nach rechts. Wo dieser auf einen Fahrweg trifft, rechts zur Dürrensteinhütte. Auf einem gekiesten Almsträßchen spazieren wir zurück. Problemlose Wanderung ohne große Höhenunterschiede (Schwierigkeit »blau«, gut 1¼ Std.).
Karten: Freytag & Berndt 1:50.000, WKS 3: Pustertal, Bruneck, Drei Zinnen. Tabacco 1:25.000, Blatt 031: Pragser Dolomiten, Enneberg.

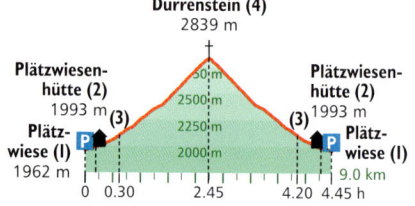

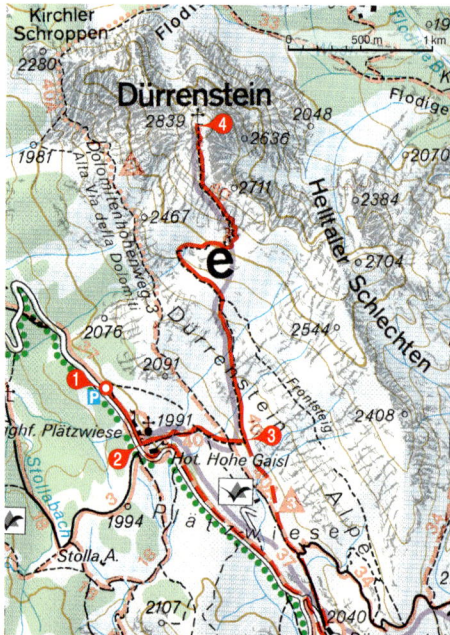

Im Gipfelbereich. Blick nach Westen zum Seekofel (links der Bildmitte).

Von den **Parkplätzen (1)** folgen wir der berganführenden Kiesstraße zur **Plätzwiesenhütte (2)**, 1993 m. Bei der Kapelle zweigen wir links ab auf den ausgeschilderten Wanderweg zum Dürrenstein. Der zieht über Weidegelände bergan. Den links abzweigenden Dolomitenhöhenweg ignorieren wir.. Gleich danach wird ein Bachbett durchquert, um dann dem leichten Linksbogen des Hauptweges zu folgen. Bei einer **Verzweigung (3)**, an der es nach rechts zur Dürrensteinhütte geht, halten wir uns links und ziehen auf einem manchmal rauen, aber nicht anspruchsvollen Bergweg über weite, mit kleinen Schrofenpartien durchsetzte Matten bergan. Eine Quellfassung lädt zur Labung. Zum **Vorgipfel** hin nehmen die steinigen Abschnitte zu, der kurze Abstieg an dessen Nordseite erfordert dann Konzentration und ein bisschen Felsgewandtheit: An einem Stahlseil geht es einige etwas ausgesetzte Meter hinunter zu einer kurzen Felsschneide, an der dann kein Seil mehr Sicherheit vermittelt. Problemlos gelangt man schließlich in wenigen Schritten hinauf zum Kreuz am **Hauptgipfel (4)**, 2839 m.

Am Anstiegweg kehren wir zurück zum Ausgangspunkt **(1)**.

Auf der Plätzwiese. Blick zur Hohen Gaisl.

Pragser Dolomiten

35 Großer Roßkopf, 2559 m

Rundtour mit Abstecher auf den Herrstein

Wilde Bergregion über dem Pragser Wildsee
Der Pragser Wildsee wird oft als eines der großartigsten Naturwunder Südtirols bezeichnet. Und das zu Recht: Der See und die steil aufragenden Felswände drumherum sind so wildromantisch, dass man stundenlang an seinen Ufern verweilen möchte. Steigerbar ist das Erlebnis, wenn man sich einen ganzen Tag Zeit nimmt und auf der vorgestellten Runde um den Gamazalpenkopf auch die zerklüftete Bergwelt über dem See erkundet.

KURZINFO

Talort: Schmieden, 1222 m, Abzweigung von der Pustertaler Straße zwischen Welsberg und Niederdorf.
Ausgangspunkt: Pragser Wildsee, Parkplatz, 1494 m; Bus 442 von Toblach.
Gehzeit: 8¼ Std.
Höhenunterschied: 1500 m.
Anforderungen: Gute Kondition, Trittsicherheit und ausgeprägtes Orientierungsvermögen. (zwischen den Wegpunkten 2 und 3 sollte gute Sicht herrschen, nicht bei Nebel gehen!); Stöcke sehr empfehlenswert, v. a. für den Abstieg vom Gamssattel. Für den Herrstein Felsgewandtheit und Schwindelfreiheit.
Einkehr: Unterwegs keine.
Variante: A) Start auf Ostuferweg, 10 Min. länger, einige Höhenmeter mehr, landschaftlich reizvoller; B) Verzicht auf Herrstein-Abstecher (1¼ Std. Zeitersparnis).
Karten: Freytag & Berndt 1:50.000, WKS 3: Pustertal, Bruneck, Drei Zinnen. Tabacco 1:25.000, Blatt 031: Pragser Dolomiten, Enneberg.

Vom Parkplatz **Pragser Wildsee (1)** wandert man zunächst – meist in Gesellschaft vieler Spaziergänger – zum südlichen Ende des Gewässers. Am schnellsten geht das, indem man am westlichen Ufer (also rechts herum) zur Mündung des Grünwaldtals geht. Die Abzweigung in dieses Tal lassen wir rechts zurück, wir bleiben noch ein Stück am See. Erst ganz im Süden zweigt unser Weg (Nr. 1, 4) etwas unscheinbar nach rechts ab. Auf einem mit einzelnen Bäumen bestandenen Schuttfächer gewinnt er zunächst nur langsam an Höhe. Weiter talein scheint sich der Weg zu verzweigen: Alte Pfadspuren bleiben nahe der Talkerbe, wir folgen dem neueren Weg nach links hinauf und gelangen so an eine Felsstufe. Darunter quert ein stellenweise gesicherter Steig wieder nach rechts hinüber. Nach einem kurzen Zwischenabstieg gelangen wir zum Na(r)bigen Loch und zur Abzweigung des Weges zur Seekofelhütte. Den lassen wir rechts zurück und wandern talein. Zum **Seebel (2)**, 2026 m, einem oft ausgetrockneten kleinen See, geht es kurz bergab, dann leitet der Weg durch eine urtümliche Karstlandschaft. Bei zwei kurz aufeinanderfolgenden Wegkreuzungen halten wir uns jeweils links. Am **Südostrücken des Jaufen** heißt es dann aufpassen: Dort gibt es einige verwirrende Pfadspuren. Wir gehen hier nicht zu weit gen Gipfel, sondern halten uns rechts, um in das Tal zu gelangen, das vom Gamssattel herabzieht. Wer hier eine höhere Pfadvariante erwischt, kann von der Kammhöhe nördlich des Jaufen tolle Tiefblicke erhaschen, muss dann aber oberhalb einer nach Osten abbrechenden Felswand ein Stück weiter nach Norden queren, bevor ein übersichtlicher Grashang eine weglose Abstiegsmöglichkeit zum Hauptweg im Talgrund bietet. Auf deutlichem Weg geht es dann hin-

Am Roßkopf. Blick auf den Herrstein.

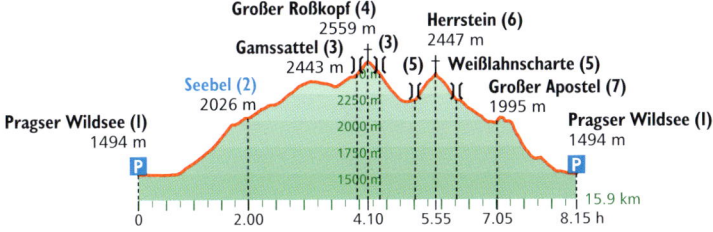

auf zum Gamssattel (3), 2443 m. Dort zweigt der steinige Gipfelsteig rechts ab. Eine gute Viertelstunde später stehen wir auf dem Großen Roßkopf (4), 2559 m.

Zurück am Gamssattel, wenden wir uns nach rechts. Jetzt geht's abwärts, und zwar gleich richtig steil über eine riesige Halde aus Sturzschutt. Die feineren Gesteinsbruchstücke sind teilweise fest verbacken (und schwierig zu gehen), die gröberen Brocken bewegen sich manchmal unaufgefordert talwärts. Wer es gewohnt ist, sich auf Schuttreißen eine individuelle Abfahrtsroute zu suchen, sei gewarnt: Hier sollte man unbedingt dem Weg folgen, obwohl dieser scheinbar unmotiviert weit nach rechts ausholt und weit abwärts führt, bevor er nach links quert und erst damit die Richtung zu unserem nächsten Etappenziel einschlägt, der Weißlahnscharte (5), 2194 m (eigentlich ein Sattel, er verlangt uns noch einen kurzen Aufstieg ab).

Oben setzt rechts der zweite Gipfelabstecher an: auf teilweise erdigem Steig zum gegliederten Felskamm, nach einer Senke schließlich über eine ausgesetzte, gesicherte Steilstufe auf die grüne Gipfelkuppe des Herrstein (6), 2447 m.

Zurück an der Weißlahnscharte, gehen wir unter den Schuttreißen des Gamazalpenkopfes auf gutem Weg nach Westen. Bald taucht links unten der Pragser Wildsee auf – ein eindrucksvoller Tiefblick (Bild links unten)! Beim Großen Apostel (7) vollzieht der Pfad einen Rechtsbogen. Einige Meter nach links führt ein kurzer Abstecher zu einem Aussichtspunkt. Der weitere Abstiegsweg wird dann noch mal richtig spektakulär: Ein reichlich alpiner Steig leitet über eine Steilstufe hinab und an den Wandfuß der himmelhoch aufragenden Wände des Herrsteins. Darunter entlang folgt eine Querung zu einem Schuttstrom. Der Weg wendet sich nun nach links, taucht in den Wald ein und führt zum Pragser Wildsee. Nach links am Ufer entlang zurück zum Ausgangspunkt (1).

Der Herrstein von Westen.

Beim Abstieg – Blick auf den See.

Der Pragser Wildsee. In Bildmitte der Kleine Apostel, rechts daneben der Murkegel, über den wir ansteigen.

Fanesgruppe / Dolomiten

36 Zum Limosee übers Limojoch, 2174 m

Vom Rautal über Fanes- und Lavarellahütte ★★

Ins Herz eines einzigartigen Naturparks

1980 wurde der Naturpark Fanes – Sennes – Prags gegründet. Mit 25.680 Hektar zählt er zu den größten Naturparken Südtirols. Damit wurde eine Landschaft unter Schutz gestellt, die durch ungewöhnliche Formen besticht: Große, teils schüsselförmige Plateaus, die von senkrechten Felswänden begrenzt sind. Da diese Plateaus aus relativ gut löslichem Kalk bestehen, sind sie durchlöchert von Höhlen, durch die das Wasser schnell abfließt – ein typisches Karstphänomen. Umso bemerkenswerter sind die Seen, die sich in einigen mit Residualton »verkitteten« Senken trotzdem halten. Nur einer hat einen regulären Zu- und Abfluss: der sagenumwobene Grünsee.

Die Lavarellahütte in der Fanes.

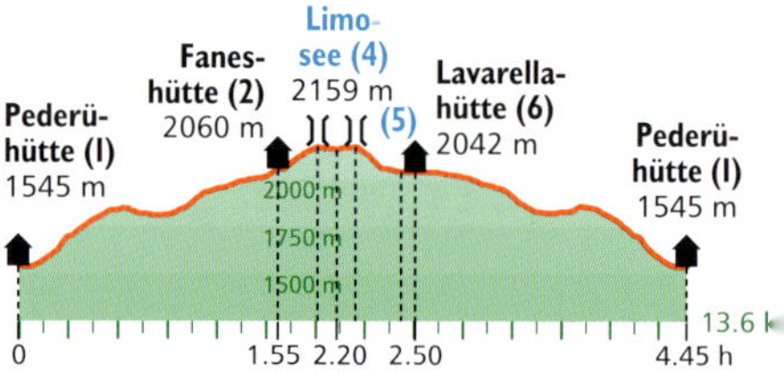

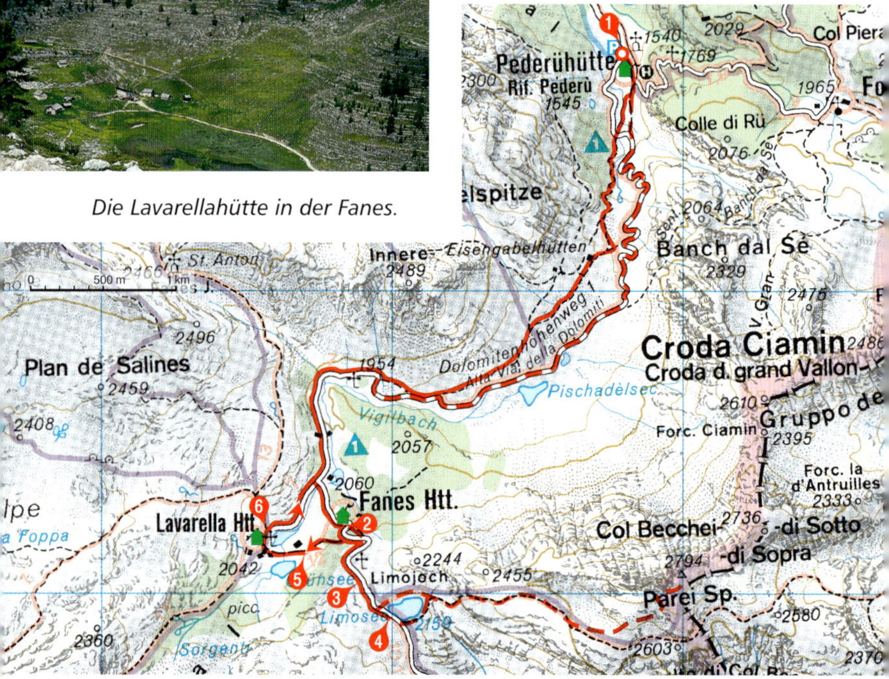

KURZINFO

Talort: St. Vigil in Enneberg (Al Plan), 1193 m; Bus 461 von Bruneck (Bhf.).
Ausgangspunkt: Pederühütte, 1545 m (Ücia Pederü, Tel. +39 0474 501086); Pkw-Zufahrt durchs Rautal.
Gehzeit: 4¾ Std.
Höhenunterschied: 650 m.
Anforderungen: Bergwanderung auf Wander- und Fahrwegen.
Einkehr/Übernachtung: Faneshütte, 2060 m (Ücia de Fanes, Tel. +39 0474 501097); Lavarellahütte, 2042 m (Ücia de Lavarela, Tel. +39 0474 501079).
Variante: Pareispitze (Col Becchei), 2794 m: Vom Limosee auf Pfad nach Osten, später auf Steigspuren nach links abzweigen zum Gipfel (vom See 1¾ Std. rauf, 1¼ Std. runter, Schwierigkeit »rot«).
Tipps: 1) Im Frühsommer gehen, später im Jahr können einige Seen ausgetrocknet

Im äußeren Rautal, Blick talein.

sein. 2) Besucherzentrum des Naturparks Fanes-Sennes-Prags, St. Vigil, Katharina-Lanz-Str. 96, Tel. +39 0474 506120.
Karten: Freytag & Berndt 1:50.000, WKS 5: Grödner Tal. Tabacco 1:25.000, Blatt 031: Pragser Dolomiten, Enneberg.

Von der **Pederühütte (1)**, 1545 m, starten wir auf dem talein führenden Fahrweg, verlassen den aber gleich wieder nach rechts: Dem Schild »Fußweg Fanes« folgend gehen wir über eine **Brücke**. Weiter talein überwindet ein steiniger und steiler Steig (Stellen »rot«) die auffällige Talstufe. Wer so etwas scheut, kann gleich ab der Pederühütte die für den öffentlichen Verkehr gesperrte Kiesstraße gehen. Die benutzen wir dann auf jeden Fall im obersten Teil des Hüttenanstiegs. Nach einem flachen Wegabschnitt gehen wir nach links zur **Faneshütte (2)**, 2060 m, und dann – ggf. auf Abkürzungspfad – zum **Limojoch (3)**, 2174 m; dahinter taucht dann der **Limosee (4)**, 2159 m, auf.
Beim Rückweg vom **Limojoch (3)** zweigen wir bald links ab und gehen am **Grünsee (5)**, 2043 m, vorbei zur Kleinfanesalpe mit der **Lavarellahütte (6)**, 2042 m, und der 2003 geweihten Kapelle zum hl. Josef Freinademetz (Südtiroler China-Missionar).
Auf dem talaus führenden Versorgungssträßchen treffen wir wieder auf den Anstiegsweg.

Der Hüttenweg, darüber die Sellasattel-Spitze (Piz de Sant Antone).

Pragser Dolomiten

37 Piz da Peres, 2507 m

Mit Abstecher zur Dreifingerspitze ★★★

Die Berge mit den zwei Gesichtern: Fels im Norden, Gras im Süden
Neben seinem klingenden alten ladinischen Namen hat sich beim Piz da Peres kein deutschtiroler Name durchgesetzt – und auch keine italienische Version. Die hier beschriebene Tour ist eine Runde mit abwechslungsreicher Überschreitung seines Gipfels und bietet unterschiedlichste landschaftliche Eindrücke. Trotzdem ist der vorgestellte Anstiegsweg kaum bekannt und wird dementsprechend selten begangen – vielleicht weil er am Ausgangspunkt, dem Furkelsattel, nicht beschildert ist und der Weg offenbar auch noch nirgends gebührend vorgestellt und beschrieben wurde.

Westanstieg: Querung durch die Schrofenflanke des Vorgipfels.

KURZINFO

Talort: Olang, 1047 m; Bus 431 von Bruneck. St. Vigil in Enneberg, 1193 m; Bus 460 von Bruneck.
Ausgangspunkt: Parkplätze, 1760 m, westlich des Furkelsattels, 1781 m.
Gehzeit: 5 Std.
Höhenunterschied: 1060 m.
Anforderungen: Sicherheit in grusübersätem Schrofengelände, beim Aufstieg stellenweise Kraxelei (I–), deshalb »schwarze« Tour, ansonsten »rot«. Für den Abstieg von der Dreifingerscharte, im Frühsommer auch für schneegefüllte Lawinenrinnen, Stöcke sehr vorteilhaft.
Einkehr: Ücia Picio Pré, 1952 m.
Variante: Wer es bei Schwierigkeit »rot« belassen will, wählt den Abstiegsweg auch für den Anstieg: Dazu ignoriert man die Abzweigung zur Jausenstation Ücia Picio Pré und folgt weiter dem Weg Nr. 3 (beschildert mit »Piz da Peres« bzw. »Dreifingerspitze«). Achtung: direkt nach einer Bachdurchquerung sowie vor einer Bank jeweils nicht dem unteren Weg Richtung Lapedurscharte folgen. Bei der Rastbank rechts abbiegen und mühsam hinauf zur Dreifingerscharte.
Karten: Freytag & Berndt 1:50.000, WKS 3: Pustertal, Bruneck, Drei Zinnen. Tabacco 1:25.000, Blatt 031: Pragser Dolomiten, Enneberg; Blatt 33: Pustertal, Bruneck.

Felsenfenster am Westanstieg. Blick über St. Vigil zum Peitlerkofel.

Gegenüber dem Südufer des Staubeckens am **Furkelsattel (1)** verlassen wir die Straße und folgen dem Weg Nr. 3. Gut 400 m weiter zweigen wir nach rechts auf den Weg 12B ab, der zur Jausenstation **Ücia Picio Pré (2)**, 1952 m, führt. Kurz auf Pistengelände, folgen wir einem Skilift bergan. An dessen Bergstation rechts vorbei, nehmen wir den Pfad, der in den Wald darüber leitet. Dort geht es steil bergan, bis der Pfad nach rechts quert. Nach einer Mur-Rinne (Lawinenschnee bis in den Frühsommer) erreichen wir bald den **Weg Nr. 12** von St. Vigil herauf. Dem folgen wir nach links. Nahe einem Felsfenster brauchen wir im Schrofengelände zum ersten Mal die Hände. Etwas höher scheint sich der Weg vor einem großen **Felsbug** zu teilen. Wir halten uns links und folgen einer roten Markierung über eine kurze Schrofenzone. Auf einem breiten Band gelangen wir in den oberen Ansatz einer Schuttrinne, die wir nach rechts hinauf verlassen. Nun folgt die **Querung** einer spektakulär gegliederten Fels-/Gras-

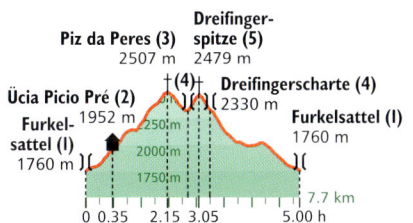

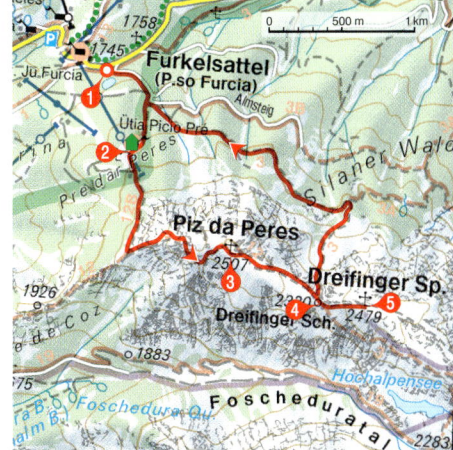

Am Südwestrücken. Hinter dem Wegweiser der Heiligkreuzkofel, rechts davon die Marmolada mit ihrer charakteristischen Gletscherhaube.

zone. Aus einer grusübersäten Rinne hilft ein mit Holzbohlen gesicherter Weg heraus. Über einen Schrofenrücken gelangen wir nach links hinüber zu einem Grashang, an dessen linkem Rand wir aufs große Gipfelkreuz des Piz da Peres (3), 2507 m, zustreben.

Über leichtes Wiesengelände hinab in die Dreifingerscharte (4), 2330 m. Gegenüber führt ein teils steiniger Pfad halblinks hinauf. Über alpines Mattengelände gelangen wir teils weglos schließlich zur Dreifingerspitze (5), 2479 m.

Zurück an der Scharte (4), steigen wir auf steinigem, steilem Pfad nach Norden hinab. Im Latschenbereich rechts vorbei an einer Rutschung. Bei einer Bank treffen wir auf einen Weg, dem wir nach links folgen. Mit kurzem Zwischenaufstieg und durch einige Lawinenrinnen queren wir zurück zum Furkelsattel (1).

Am Piz da Peres – Blick über die Dreifingerscharte auf die Dreifingerspitze.

Astjochkamm / Dolomiten

Maurerberg (Munt de Mür), 2332 m

Vom Heiligen Wasser über die Maurerberghütte ★★

Aussichtsreicher Bergspaziergang vor dem wuchtigen Peitlerkofel
Dem Felskoloss des Peitlerkofels ist eine mittelgebirgsartige Landschaft vorgelagert, die so richtig zum entspannten Bergbummeln einlädt. Zum gemütlichen Wandererlebnis tragen auch die Hütten bei, die mit bodenständigen Köstlichkeiten zur Einkehr locken. Wer trotzdem nicht gar zu lang »verhocken« mag, hat noch Zeit fürs Museum Ladin an der Zufahrtsstraße von St. Martin in Thurn auf der Gadertaler Seite des Würzjochs.

KURZINFO

Talorte: St. Martin in Thurn (Gadertal), Brixen (Eisacktal) und Lüsen (Lüsental).
Ausgangspunkt: Parkplatz Pe de Börz (Beim Heiligen Wasser), 1863 m, an der Würzjoch-Ostrampe, oberhalb des Orts Antermoia. Zufahrt auch per Bus 462 von St. Vigil über St. Martin möglich.
Gehzeit: 4½ Std.
Höhenunterschied: 620 m.
Anforderungen: Der Anstiegsweg ist weder steil noch schmal; wer am Anstiegsweg zurückkehrt, bleibt auf ungefährlichen Wegen; der beschriebene Abstieg zum Lüsner Joch verläuft streckenweise auf schmaleren Bergpfaden, die stellenweise zu »roter« Schwierigkeit tendieren.
Einkehr/Übernachtung: Maurerberghütte, 2127 m (Ütia Antermeia, Tel. +39 0474 520059, www.maurerberg.com); Variante: Pecolhütte, 1930 m (Ütia de Pecol, Tel. +39 335 7878777).
Variante: Zur Pecolhütte (Ütia de Pecol), 1930 m: Nach einer guten Viertelstunde halblinks abzweigen und ohne große Höhenunterschiede in 25 Min. zur urigen Alm (der Wegweiser lockt mit »sportlichen« 15 Minuten).
Tipp: Museum Ladin Ciastel de Tor (www.museumladin.it, Tel. +39 0474 524020) an der Straße St. Martin – Antermoia.
Karten: Tabacco 1:25.000, Blatt 30, 31.

Bei der Maurerberghütte. Blick auf Peitlerkofel (links) und Aferer Geisler.

Der Ausgangspunkt der Tour liegt an der Würzjochstraße, die von Antermoia (rechts im oberen Bild) zum Fuß des Peitlerkofels (links) führt.

Vom **Parkplatz Pe de Börz (1)** starten wir auf den gekiesten Fahrweg, der von der Würzjochstraße nach Norden abzweigt. Nach etwa ¼ Std. zweigen wir dem Wegweiser folgend scharf nach links ab. 5 Minuten später lassen wir den Weg zur Pecolhütte (Variante) links liegen, ziehen mit dem steileren Kiesweg nach rechts hinauf und folgen gleich seiner nächsten Rechtskurve. Das Sträßchen endet nach einigen weiteren Kehren an der gastlichen **Maurerberghütte (2)**, 2127 m.

Vor der Hütte setzt links ein Karrenweg an. Der leitet über den breiten Rücken des **Alfreider Jochs**

Bild unten: Blick vom Maurerberg über die nicht mehr bewirtschaftete Turnaretscher Hütte und das Glittnerjoch auf die Rieserfernergruppe.

(3), 2280 m, und setzt sich nach einem kurzen Zwischenabstieg als deutlicher Pfad bis zum Maurerberg (4), 2332 m, fort.

Beim Abstieg auf dem Osthang-Weg wird es vorübergehend etwas steiler. An einem breiten Joch halten wir uns links und queren auf einem raueren Pfad durch einen Hang. Entlang einem Weidezaun kommen wir zum Lüsener Joch (5), 2008 m. Dort wenden wir uns scharf nach rechts und folgen einer hangquerenden Forststraße.. Diese wird bald zum schmalen, aber problemlosen Wanderpfad. Nach einem kurzen Aufstieg schließt sich der Kreis bei der Maurerberghütte (2) – jetzt, kurz vor dem Ende der Tour, kann man es dort ohne Reue gut gehen lassen.

Auf dem Fahrweg oder auf den überschaubaren Abkürzungspfaden wandern wir zurück zum Parkplatz Pe de Börz (1).

Astjochkamm / Dolomiten

39 Astjoch, 2194 m

Von Zumis über die Rodenecker / Lüsner Alm

Gemütliches Höhenbummeln mit toller Aussicht

Die Landschaft um das Astjoch zählt nach den gängigen, durch Talgrenzen definierten Alpeneinteilungen zu den Dolomiten, präsentiert sich im Vergleich zu deren Felszinnen aber recht unspektakulär. So wundert es nicht, dass diese Gegend ein touristisches Schattendasein führt. Und doch übt diese Landschaft mit ihren liebevoll kultivierten, naturnahen Almlandschaften einen unglaublichen Reiz aus. Besonders zu empfehlen ist die Lüsner Alm, wenn man für den Genuss großartiger Aussicht nur geringe Aufstiegsmühen auf sich nehmen will oder kann: Der Ausgangspunkt liegt nämlich richtig hoch und die gute Sicht auf die Dolomiten und den Alpenhauptkamm bietet bei gutem Wetter einen hervorragenden Überblick über den Osten Südtirols. Die gepflegten Verbindungswege zwischen den Almen eignen sich sogar für großrädrige Kinderwägen, sodass dort einem generationenübergreifenden Familienausflug nichts im Weg steht. Jedes Jahr am Sonntag nach dem 24. August, dem Tag des hl. Bartholomäus (»Bartlmä«), wird hier der Almkirchtag (»Kirta«) gefeiert – mit einer Messe am Pianer Kreuz, mit Singen, »Rangglen« und Schlemmen bei den Almhütten.

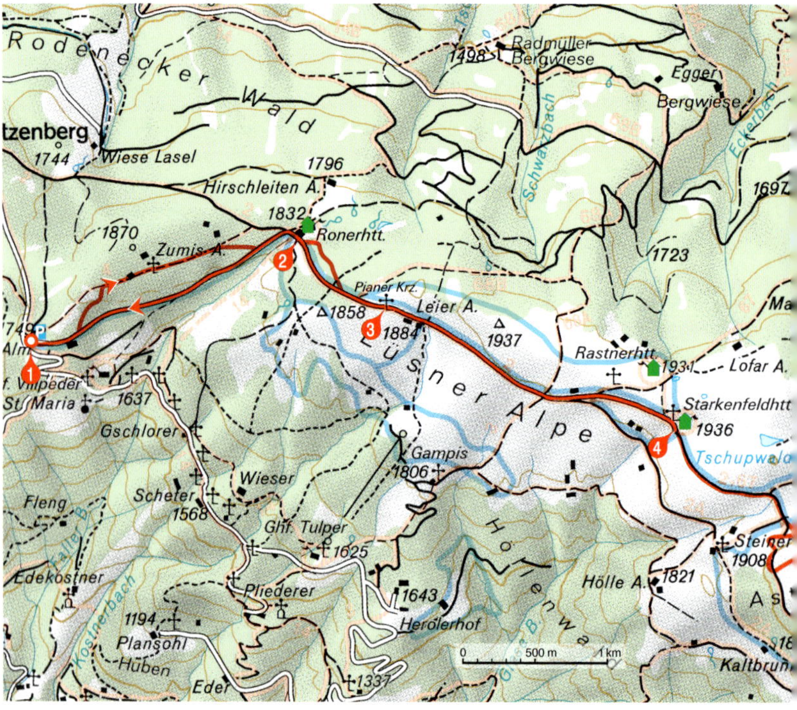

Astjochkamm / Dolomiten

KURZINFO

Talorte: Lüsen, 981 m, im Lüsener Tal; Zufahrt vom sehenswerten Brixen im Eisacktal (Bus 325). Rodeneck, um 900 m; Zufahrt von Mühlbach im Pustertal.
Ausgangspunkt: Parkplatz Zumis, 1749 m; asphaltierte, schmale Zufahrtsstraßen von beiden Talorten (beschildert), von Lüsens auch mit dem Bus der Line 326 (Anschluss an 325 von Brixen).
Gehzeit: 5 Std.
Höhenunterschied: 460 m.
Anforderungen: Leichter Bergspaziergang in relativ flachem Gelände, nur im Gipfelbereich etwas rauer und steiler.
Einkehr/Übernachtung: Ronerhütte, 1832 m (Tel. +39 0472 546016); Star-

Blick zur Ronerhütte auf der Lüsner Alm – »da braut sich was zusammen«.

kenfeldhütte, 1936 m (Tel.+39 0472 671565); Oberhauserhütte, 1800 m (600 m vom Parkplatz etwas unterhalb des Almfahrweges).
Karten: Tabacco 1:25.000, Blatt 030: Brixen, Villnösstal.

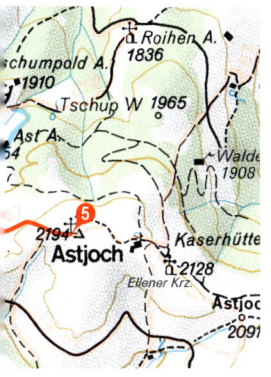

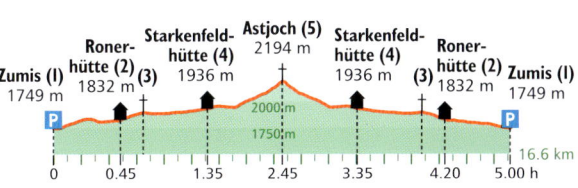

Sommer auf der Lüsner Alm. Blick nach Norden, über das Pustertal hinweg zu den Pfunderer Bergen.

Beim nördlichen Ende des Parkplatzes Zumis (1) setzt der Fahrweg an, dem wir bergauf folgen. Bald nach einem Linksbogen verlassen wir bei einer Verzweigung den Fahrweg nach links und folgen einem gekiesten Spazierweg, dem Confinweg. Der trifft kurz vor der Ronerhütte (2), 1832 m, wieder die Fahrstraße. Darauf gehen wir vor der Alm zunächst in einem Rechtsbogen vorbei, zweigen dabei aber gleich nach links auf einen Fußweg ab, der zwischen Bäumen hindurch geradewegs abkürzt. Wieder am gekiesten Almsträßchen, passieren wir bald die Kapelle beim Pianer Kreuz (3), 1901 m, und ignorieren einen links abzweigenden Fußweg (der zur Rastnerhütte führt). Wenn wir auch die folgenden Abzweigungen vom Almsträßchen unbeachtet lassen, können wir uns in der Starkenfeldhütte (4), 1936 m, stärken.

Bald darauf erreichen wir die Verzweigung bei der Astalm. Dort nehmen wir den rechten Weg – aber nur kurz, denn beim folgenden Rechtsknick des Hauptfahrwegs halten wir die Grundrichtung bei. Mit einigen Kehren gewinnen wir auf dem Weg 67 an Höhe. Bei den letzten Bäumen nehmen wir den nach links hinaufführenden Weg zum Gipfel des Astjochs (5), 2194 m.

Am Anstiegsweg gehen wir zurück. Nach der Ronerhütte (2), 1832 m, können wir nun auch auf dem Almsträßchen bleiben. So kommen wir kurz vor dem Ende der Wanderung an der Abzweigung zur Oberhauseralm vorbei – ein kurzer Abstecher dorthin bietet sich für eine abschließende Einkehr an.

Geislergruppe / Dolomiten

Grödner Poststeig, Unterpulghütte, 1560 m 40

Von Lajen über St. Peter zum Pedrutscher ★

Historische Wege über dem Grödnertal
Das reizvolle Dorf Lajen liegt hoch über der Mündung des Grödner Tals an einem Platz, wo Siedlungsspuren bis weit in die Bronzezeit zurückreichen. Von dort führte ein frühgeschichtlicher Weg, der »Troi Paian«, an den Hängen über dem Grödnertal bis zum Grödner Joch hinauf. Der Trasse dieses Weges folgt bis zum Pedrutscher auch der nicht ganz so alte Poststeig nach St. Ulrich (Urtijëi) – durch traumhaftes Wandergelände im Bergbauernland.

KURZINFO

Talort: Klausen, 523 m; Bahnhof.
Ausgangspunkt: Lajen, 1100 m, auf Geländesporn über der Grödnertal-Mündung. Zufahrt von Klausen oder Waidbruck. Parken beim Sportplatz am Kesselweg. Bus 350 von Brixen oder St. Ulrich.
Gehzeit: 4¾ Std.
Höhenunterschied: 600 m.
Anforderungen: Orientierungssinn und etwas Ausdauer können hilfreich sein, ansonsten leicht.
Einkehr: Gasthäuser in Lajen; Ghs. Hatzis in Tschöfas, Gasthof Überbacher in St. Peter; Gasthaus Pedrutsch, 1262 m; Unterpulghütte, 1560 m.
Variante: Wer nicht zum Ausgangspunkt zurückwandern will, folgt dem klassischen Postweg weiter bis St. Ulrich (Luis Trenkers Heimatort). Dazu beim Pedrutscher weiter talein. Der Steig durchquert den Bergsturz von Pontives. Bald nachdem man den Wald hinter sich hat, folgt man der Nevelstraße bis zu einem Zebrastreifen vor einer Wiese; dort links und den Schildern nach ins Zentrum (1¾ Std. ab Pedrutscher). Zurück per Bus 122.
Karten: Tabacco 1:25.000, Blatt 05: Gröden, Seiser Alm; Blatt 030: Brixen, Villnösstal.

Am Weg nach Tschöfas. Blick über Lajen auf die Sarntaler Alpen.

Geislergruppe / Dolomiten

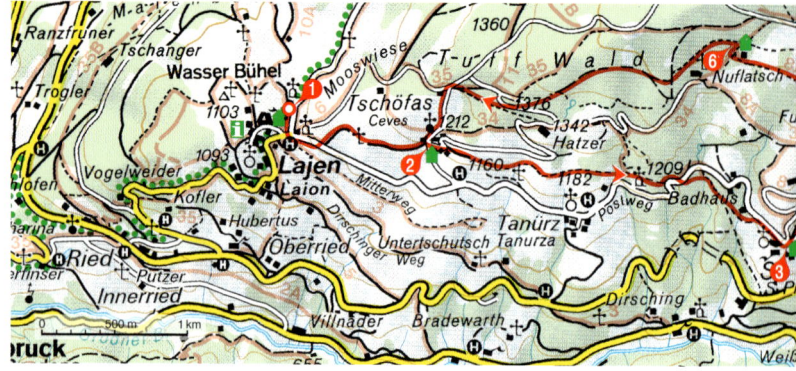

Vom Parkplatz in Lajen (1) geht es kurz zurück zur Kapelle. An der Hauptstraße spazieren wir dann ein Stück Richtung St. Peter. Kurz vor dem Ortsende schickt uns das Schild »Postweg« nach links: Auf einem anfangs asphaltierten Sträßchen passieren wir die letzten Häuser und erreichen so den romantischen Karrenweg zum höher gelegenen Tschöfas (2), 1212 m. In diesem Weiler gehen wir an der Hauptstraße kurz links und gleich darauf unter dem Platiderhof wieder rechts. Man verlässt den Ort nach Osten. Links fallen einige Weinreben auf – auf 1250 m Höhe für mitteleuropäische Verhältnisse durchaus rekordverdächtig!
Einige Bänke laden zu aussichtsreicher Rast. Am Hang entlang weiter passieren wir ein Bienenhaus. Bei einer Verzweigung nehmen wir den

Am Poststeig – Blick übers Grödnertal hinweg zum Langkofel.

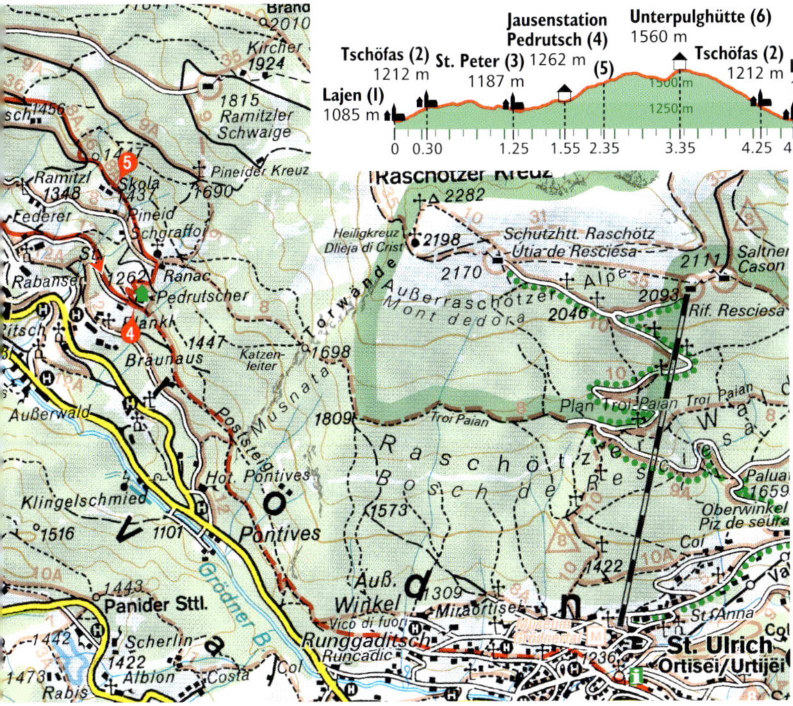

Geislergruppe / Dolomiten

Am Poststeig zwischen Tschöfas und St. Peter.

Der kleine Hof Soragomp (auf der Karte:»Skola«) am Rand des Tuffwaldes.

Waldweg halblinks. Nach einem steilen Abstieg gelangen wir zur Straße. Der folgen wir kurz nach links, um dann gleich rechts hinabzugehen. Wir passieren das Gehöft **Felsonner** und gehen auf dessen Zufahrtsstraße hinauf nach **St. Peter (3)**, 1200 m. Auf der Hauptstraße durchs Dorf und jenseits noch einige 100 Meter weiter. Gleich nach einer Rechtskurve durch einen Graben folgen wir einem schmäleren Sträßchen nach links hinauf und gehen bei einer Schreinerei gleich wieder links. Unter dem Maratschhof vorbei kommen wir zu einer Verzweigung: rechts geht der klassische Postweg weiter nach St. Ulrich. Zur Einkehr im **Pedrutscher Hof (4)**, 1262 m, machen wir auf diesem Weg noch einen kurzen Abstecher; links geht es auf dem Höfesträßchen am **Skritter** (1303 erstmals erwähnt) vorbei. Hier sind wir auf dem frühgeschichtlichen Hangweg »Troi Paian« unterwegs, der einst zum Grödner Joch hinaufführte. Wir gehen auf einem Fahrweg an den darüber gelegenen Höfen vorbei zunehmend steil hinauf zum Zufahrtssträßchen des rechts ab gelegenen Ranatschhofs und darauf nach links. Nach einer kurzen Bergabstrecke verlassen wir das Sträßchen nach rechts. Auf einem Kiesweg geht es wieder bergan und am kleinen Hof **Soragomp (5)**, 1437 m (in der Karte »Skola«), vorbei in den Tuffwald.

Bei einer Forststraßenverzweigung gehen wir nach rechts und beschreiben danach einen Linksbogen. Die folgende Abzweigung nach rechts ignorieren wir. Der Weg wird schmal und führt unter einem Holzhütterl, 1489 m, vorbei. Bald treffen wir auf einen Weg, dem wir leicht bergab folgen und dabei die Grundrichtung beibehalten. Auf einer Lichtung zweigen wir scharf nach rechts ab und steigen an zur **Unterpulghütte (6)**, 1560 m. Von dort gehen wir Richtung Westen in den Wald und halten uns an den Weg 35 – bis zu einem Brunnenhaus. Dort zweigen wir nach links ab, um in **Tschöfas (2)** – dort spätgotische, 1465 geweihte Kirche mit Sonnenuhr – den Kreis zu schließen und auf dem schon bekannten, reizvollen Weg nach **Lajen (1)** zurückzukehren.

Puezgruppe / Dolomiten

Puezkofel, 2725 m

Durchs Langental über die Puezhütte ★★★

Faszinierende Szenerien im Naturpark Puez – Geisler
Sie hat keinen Dreitausender zu bieten und steht damit nicht so im Fokus mancher Gipfelstürmer: die Puezgruppe. Uns soll's recht sein, denn dieser Teil der Dolomiten zählt zu den landschaftlich, geologisch und botanisch interessantesten Gebieten Südtirols. Schon der Tourenanfang ist umwerfend: Im Langental bewegt man sich unter abenteuerlich steil gen Himmel strebenden Felswänden und -pfeilern. Die spannende Szenerie um den Gipfel kann man eigentlich nur mit dem Begriff »Mondlandschaft« charakterisieren.

KURZINFO

Talort: Wolkenstein (Selva), 1583 m, im Grödnertal; Zufahrt aus dem Eisacktal von Klausen (Autobahnausfahrt) oder Waidbruck. Bus 350 von Bozen, Bus 351 von Brixen.
Ausgangspunkt: Parkplatz am Ausgang des Langentals, 1610 m, unter der Steviawand; beschilderte Zufahrt von Wolkenstein.

Gehzeit: 7 Std.
Höhenunterschied: 1160 m.
Anforderungen: Im Langental problemloser Spaziergang, ansonsten braucht man Ausdauer, Trittsicherheit und einen guten Blick für den richtigen Weg.
Einkehr/Übernachtung: »La Ciajota« am Ausgangspunkt; Puezhütte, 2475 m (Ütia de Pöz, CAI, Tel. +39 0471 795365).
Karte: Tabacco 1:25.000, Blatt 05: Gröden, Seiser Alm.

Vom Parkplatz (1) führt ein bequemer Spazierweg an der Sylvesterkapelle (2), 1632 m (frisches Brunnenwasser), vorbei talein. So eben der Talboden auch ist, zu beiden Seiten ragen die Felswände umso spekta-

St. Sylvester nahe dem Ausgangspunkt an der Mündung des Langentals.

In karg-reizvoller Umgebung: die Puezhütte im Naturpark Puez-Geisler.

kulärer in die Höhe. Bald durchwandern wir die Ebene um **Pra da Ri (3)**, einem frühgeschichtlich bedeutsamen Platz an einer Variante des uralten Weges »Troi Paian« zwischen Lajen und dem Grödner Joch. Dort liegt ein auffälliger Dolomitblock, unter dessen Felsdach Feuersteinbeschläge

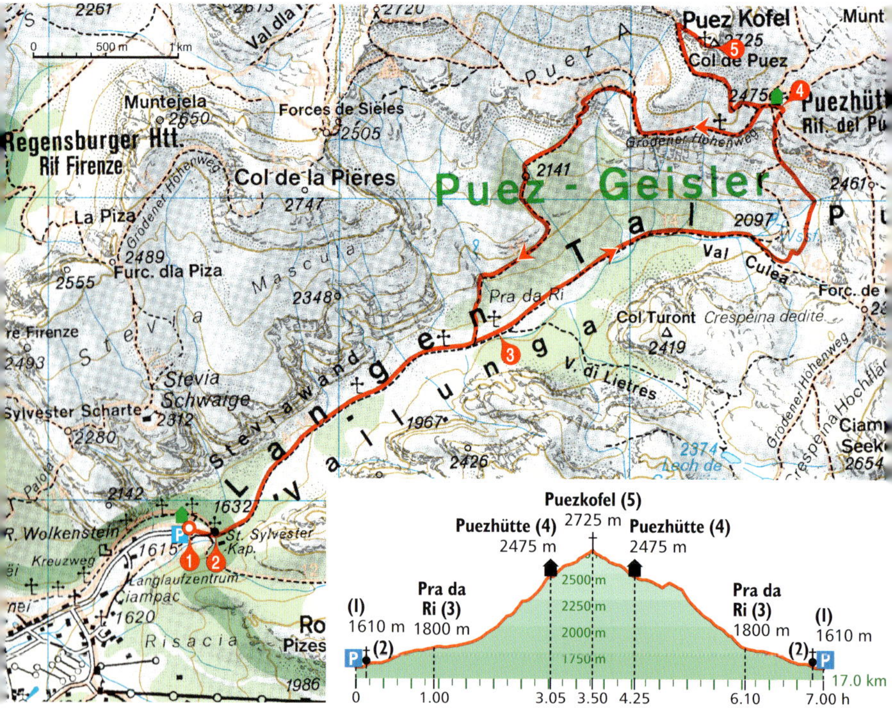

Puezgruppe / Dolomiten

aus dem Mesolithikum (der Mittelsteinzeit) gefunden worden sind.

Wir gehen weiter talein. Wo es enger wird, (ver)führen unmarkierte Steigspuren eines aufgelassenen Hüttenwegs nach links hinauf – diesen nicht folgen, sondern erstmal noch geradeaus weitergehen. Unser Weg wendet sich schließlich doch nach links und zieht hinüber zu einem Geländerücken. Dahinter geht es dann flach zur schon sichtbaren **Puezhütte (4)**, 2475 m.

Für den Gipfelabstecher starten wir auf dem Weg 14 nach Westen. Nach einem Anstieg folgt eine Querung durch die Flanken des Puezkofels. Wir halten auf den Sattel zwischen den Puezspitzen und unserem Gipfelziel zu, zweigen dann rechts ab und steigen hinauf zum **Puezkofel (5)**, 2725 m. Auf gleichem Weg kehren wir zurück zur **Hütte (4)**.

Auf einem Abschnitt des **Grödner Höhenwegs** wandern wir dann ohne große Höhenunterschiede ein »Stockwerk« tiefer um die Südflanke des Puezkofels herum. In einer weiten grünen Mulde verlassen wir diesen Weg und folgen dem links abzweigenden Pfad. Der überwindet bald eine teilweise recht steile Geländestufe, um dann durch lichten Wald ins Langental zu führen. Wir erreichen es nahe der **Pra da Ri (3)**. Den weiteren Rückweg kennen wir zwar schon, andere Blickwinkel bieten den Augen trotzdem viel Neues.

Blick vom Grödner Höhenweg (beschriebener Rückweg) auf den Puezkofel. Der Weg zum Gipfel quert nach links durch die hier sichtbare Südflanke.

Puezgruppe / Dolomiten

42 ▸ Große Tschierspitze (Gran Cir), 2592 m

Vom Grödner Joch über die Südwestflanke ★★

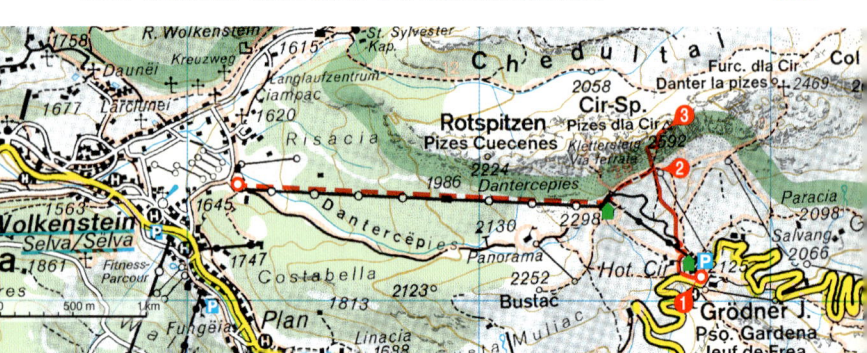

Kurz, aber knackig – und lohnend
Wer übers Grödner Joch fährt, kann mit geringem Zeitaufwand einen tollen Berg »mitnehmen«: die Große Tschierspitze (»Gran Cir« in der Sprache der einheimischen Ladiner). Der Gipfel ist der höchste der vielzackigen Tschierspitzen und auf einem stellenweise gesicherten Felssteig für schwindelfreie und trittsichere Bergsteiger relativ problemlos zu besteigen.

KURZINFO

Talorte: Wolkenstein (Selva), 1583 m, im Grödnertal; Zufahrt von Klausen (Autobahnausfahrt) oder Waidbruck (Bus 350). Kolfuschg, 1645 m, im oberen Corvara-Tal; Zufahrt vom Pustertal durchs Gadertal (Bus 460).
Ausgangspunkt: Grödner Joch, 2125 m; Parkplatz östlich der Passhöhe, Hst. Bus 471 Wolkenstein – Colfuschg.
Gehzeit: 2¼ Std.
Höhenunterschied: 470 m.
Anforderungen: Anspruchsvolle Bergtour, die im Fels (knapp I) den Gebrauch der Hände, somit auch Trittsicherheit und Schwindelfreiheit erfordert; Sicherungen an einigen exponierten Stellen.
Einkehr/Übernachtung: Unterwegs keine, Gaststätten und Hotel Cir am Grödner Joch.
Variante: Von Wolkenstein mit der Gondelbahn zur Bergstation Dantercëpies, 2298 m, dann auf Fahrweg zur ersten Spitzkehre, von dort auf Pfad unter den Tschierspitzen Querung zum Auslauf der Schuttrinne vor der Großen Tschierspitze.
Karten: Tabacco 1:25.000, Blatt 05: Gröden, Seiser Alm. AV-Karte 1:25.000, Blatt 52/1b: Langkofel- und Sellagruppe.

Die letzten Meter zum Gipfelkreuz.

Gran Cir: Einstieg durch die halb beschattete Schlucht links des Gipfelstocks.

Vom Parkplatz unmittelbar östlich des **Grödner Jochs (1)**, 2125 m, gehen wir auf die Passhöhe und zweigen dort nach rechts auf ein anfangs geteertes Sträßchen ab. Oberhalb des Hotels Cir vollführt das mittlerweile geschotterte Sträßchen einige Kurven und verzweigt sich: Wir halten uns links, um gleich darauf dem unscheinbaren Wegweiser zur Großen Cirspitze nach rechts zu folgen. Ein netter Bergpfad führt nun direkt auf die Tschierspitzen zu, wobei ein **querender Höhenweg (2)** gekreuzt wird. Unter der auffälligen Schuttschlucht unmittelbar links der Gran Cir wendet sich der Steig in mehreren Trassen kurz nach links, um dann in die unten breite **Schuttrinne** zu führen.

Anfangs am linken Rand der Schlucht, steigen wir geradewegs nach oben, bis kurz vor dem Ende der Schlucht eine breite, aber abschüssige und daher seilgesicherte **Rampe** nach rechts hinaufführt. Im weiteren Verlauf kraxelt man den Markierungen folgend durch schrofiges Felsgelände mal querend, mal direkt bergan, wobei noch eine weitere Passage durch ein Stahlseil gesichert ist. An einer Stelle, bei der die Markierungen nach rechts hinauf leiten, ein guter Weg aber geradeaus quert, können wir dieser »Einladung« auf einen kurzen Abstecher folgen. Aber Vorsicht: Nach wenigen Metern kommt ein Marterl und ein gar schauriger Tiefblick über viele hundert senkrechte Meter (am besten nur auf allen Vieren genießen!). Zurück am markierten Weg erreicht man bald den ersten »offiziellen« Blick nach Norden und nach einer kurzen, einfachen Gratkletterei den Gipfel der **Großen Tschierspitze (3)**, 2592 m.

Der Abstieg erfolgt auf der Anstiegsroute – und zwar ganz exakt, nicht davon abweichen!

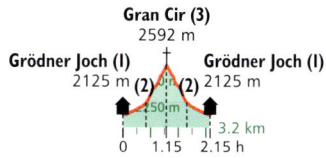

Sellagruppe / Dolomiten

43 Pisciadùspitze (Cima Pisciadù), 2985 m

Durchs Val Setus und das Val de Mesdi ★★★

Alpine Tour durch die grandiose Nordseite der Sella

Die Sella ist eine unverwechselbare »Charaktergestalt« der Dolomiten: Ein so ausgeprägtes Plateaugebirge mit ringsum senkrecht abfallenden Wänden gibt es kein zweites Mal in den Dolomiten. Die begrenzenden Wände sind auf der Westseite durch ein waagrechtes Band gegliedert, auf der Nordseite ist auf halber Höhe sogar eine richtig große Verebnung eingeschaltet. Darauf liegt die Pisciadùhütte am gleichnamigen See. Darüber bildet die Pisciadùspitze einen besonders markanten Eckpfeiler des Gebirgsstocks. Der ist für Dolomitenverhältnisse relativ leicht zu besteigen.

KURZINFO

Talorte: Kolfuschg, 1645 m, im oberen Corvaratal; Bus 460 von Bruneck durchs Gadertal. Wolkenstein, 1583 m, im Grödnertal; Bus 350 von Waidbruck.
Ausgangspunkt: Parkplatz Predavois, 1956 m, in Schottergrube an einer Kehre der Ostrampe des Grödner Jochs.
Gehzeit: 6¾ Std.
Höhenunterschied: 1240 m.
Anforderungen: Relativ anspruchsvolle Bergtour in steilem Felsgelände; abschnittsweise gesicherte Steiganlagen (teils klettersteigartig), die Trittsicherheit und Schwindelfreiheit erfordern. Im Val Setus teils glitschig, nach klaren Nächten manchmal eisig.
Einkehr/Übernachtung: Pisciadùhütte, 2587 m (Ütia / Rifugio Pisciadù, CAI, Tel. +39 0471 836292).
Varianten: A) Zustieg zum Val Setus von der Passhöhe des Grödner Jochs (Hst. Bus 471) auf einem Pfad, der Richtung Felssockel ansteigt und dann nach links quert (etwa gleiche Zeit).
B) Abstieg am Anstiegsweg, eine gute Stunde Gehzeit weniger.
Karten: Tabacco 1:25.000, Blatt 05: Gröden, Seiser Alm. AV-Karte 1:25.000, Blatt 52/1b: Langkofel- und Sellagruppe.

Vom Parkplatz Predavois (1), 1956 m, an der Straßenkehre geht es geradewegs über die Schuttreiße empor (nicht der Wegweisung zum Klettersteig nach links folgen!). Abzweigungen ignorierend steigen wir in die imposante Felsschlucht des Val Setus (»markiert« durch die darüber verlaufende Materialseilbahn) und gewinnen darin zügig an Höhe. Wo sich die Schlucht teilt, führt der nun zunehmend alpine Steig nach links hinauf. Nach einigen feuchten, frühmorgens manchmal auch im Sommer vereisten Stellen leiten gesicherte Passagen auf das Plateau hinauf. Auf dem Hauptweg erreicht

Der Pisciadùsee.

man gleich darauf die Pisciadùhütte (2), 2587 m.
Nach einem kurzen Abstieg zum Pisciadùsee folgen wir dem deutlichen Weg Nr. 666, der zwischen diesem und einer jäh aufragenden Felswand nach Süden führt. Mit Tendenz nach links steigen wir über gesicherte Felsen ins Val de Tita hinauf. Bald wird es flacher und unser Weg zum Gipfel zweigt links ab (markiert, trotzdem

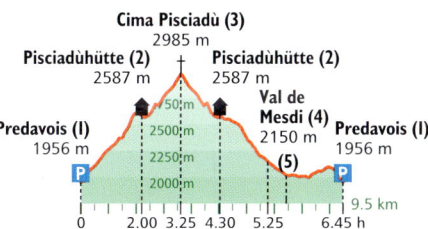

147

Rast an der Pisciadùhütte.

Die Pisciadùspitze (links der Bildmitte), ein markanter Gipfel im Sella-Massiv – Blick von der Großen Tschierspitze.

aufpassen!). Steigspuren leiten nun über den Südrücken auf den Gipfel der Cima Pisciadù (3), 2985 m.

Zurück an der Wegverzweigung unter der Hütte, folgt man dem nach Osten führenden Weg (nicht nach Norden zum Klettersteig!). Nach einer kurzen Plateauwanderung geht es hinab in ein Seitental des Val de Mesdi, und zwar stellenweise so steil, dass man ganz froh über die Eisensicherungen ist. Hier ist ein waches Auge angesagt, da einige vermeintliche Steigspuren auch in die Irre bzw. an recht abschüssige Stellen führen. Auch eine gewisse Kraxelfertigkeit ist hier von Vorteil, denn nicht immer winkt ein Stahlseil, wenn man Halt sucht. Nach der Steilstufe quert man ein Stück nach rechts, um dann über Schutt und Schrofen wieder auf grüne Matten zu gelangen. Darauf quert der Weg nach rechts, unter dem Pisciadùturm und oberhalb von (jetzt nicht einsehbaren) Felsabbrüchen hinüber ins Val de Mesdi (4), 2150 m.

Darin nun bergab, bis der Grödner Höhenweg (5) Richtung Grödner Joch nach links abzweigt (kleiner Abkürzer knapp oberhalb des Wegweisers). Kurz hinab in den Bachgraben des Val de Mesdi, jenseits wieder hinauf und dann in mehrmaligem Auf und Ab unter den schaurigen Nordabstürzen des Sella-Massivs entlang. Abzweigende Steigspuren bleiben unberücksichtigt. Nachdem man unter dem Zustieg zum Tridentina-Klettersteig vorbeigequert ist, kommt man zu einer spitzwinkligen Wegverzweigung, wobei der verlockende rechte Weg auf zwei markante Felsblöcke zu- und zwischen diesen hindurchführt – diesem Weg nicht folgen! Er führt bald darauf recht unvermittelt in senkrechtes Klettersteiggelände; dieser Steig wird nur im Aufstieg und mit vollständiger Klettersteigsicherung begangen! Also bei der spitzwinkligen Verzweigung links und damit nochmals kurz bergauf queren. Im weiteren Verlauf lassen wir die Wege ins Val Setus bzw. zum Grödner Joch links liegen und steigen die letzten Meter auf bekanntem Weg zum Parkplatz Predavois (1) hinab.

Langkofelgruppe / Dolomiten

Langkofelrunde – Demetz-Hütte, 2681 m

Vom Sellajochhaus über die Langkofelscharte ★★★

Rundwanderung durch spektakuläre Felswelten
Es war einmal ein großes Riff, eines von vielen, die sich vor über 200 Millionen Jahren in den flacheren Teilen des Thetysmeeres gebildet hatten. Damals wurde das Riff von Fischen bevölkert, heute – da es als Langkofel in den Himmel ragt – von Kletterern. An die Welt der Kletterer kommt man als Wanderer selten so eindrucksvoll nah heran wie bei dieser Rundtour.

KURZINFO

Talort: Wolkenstein (Selva), 1583 m, im Grödnertal; Zufahrt aus dem Eisacktal von Waidbruck (Bus 350). Canazei, 1440 m, im Fassatal (Trentino).
Ausgangspunkt: Parkplätze beim Sellajochhaus, 2176 m (westlich der Passhöhe), Hst. der Buslinie 471 Wolkenstein – Canazei.
Gehzeit: 4¾ Std. (bei Benutzung der Seilbahn gut 3¼ Std.).
Höhenunterschied: 740 m.
Anforderungen: Bergwanderung auf rauen Pfaden und Steigen, teils im Schrofengelände; Trittsicherheit erforderlich.
Einkehr/Übernachtung: Toni-Demetz-Hütte, 2681 m (CAI, Tel. +39 0471 795050); Langkofelhütte, 2253 m (CAI, Tel. +39 0471 792323); Emilio-Comici-Hütte, 2154 m; Sellajochhaus, 2176 m.
Variante: Wem der Aufstieg zur Demetz-Hütte zu mühsam – und das Geld nicht zu schade – ist, kann auch per Gondel zur Demetz-Hütte hinaufschaukeln (knapp 1½ Std. weniger Gehzeit).
Karten: Tabacco 1:25.000, Blatt 05: Gröden, Seiser Alm. AV-Karte 1:25.000, Blatt 52/1b: Langkofel- und Sellagruppe.

An der Demetz-Hütte. Blick auf Pordoispitze (Mitte) und Marmolada (rechts).

Die Langkofelhütte – oben mit Blick auf die Langkofelscharte (links) und den schiefen Zahnkofel (rechts), unten mit Blick auf die grüne Seiser Alm.

Vom Parkplatz beim **Sellajochhaus (1)** auf der Grödner Seite der Passhöhe wandern wir auf einem Kiesweg knapp oberhalb der Talstation der kleinen Gondelbahn vorbei, um bald darauf nach rechts abzuzweigen. Auf einem Bergpfad steigen wir zunächst über Rinderweiden, später auf einer Schutthalde, mit zügigem Höhengewinn auf die Langkofelscharte zu, immer etwas links der Gondelbahn. In der Scharte, einem wirklich genialen Platz, thront das **Rifugio Toni Demetz (2)**, 2681 m. Jenseits geht es auf einem felsigen Pfad steil hinab ins Langkofelkar; deutlich flacher wandern wir weiter zur **Langkofelhütte (3)**, 2253 m, die sanften Wiesen der Seiser Alm immer vor Augen.

Von der Langkofelhütte folgen wir zunächst kurz dem Abstiegsweg

Langkofelgruppe / Dolomiten

und zweigen dann bald nach rechts auf die Umrundung ab; dafür gibt es verschiedene Möglichkeiten: die erste Abzweigung führt durch stellenweise abschüssiges Gelände (schrofiger Graben) recht direkt zum angepeilten Westfuß des Langkofels; alternativ kann man auch dem Abstiegsweg noch etwas weiter folgen und dann erst nach rechts auf den Weg 526 abbiegen. Bei einem Felssturz unter dem rauen Westfuß vereinigen sich die Steige wieder. Nach kurzem Aufstieg ist der Ciaulonch-Sattel (4), 2113 m, im Nordwesten des Langkofels erreicht.

Dort führt eine Steigspur gleich nach rechts, die Wegweiser schicken uns aber kurz halblinks hinab, bevor es nach rechts zur langen Querung unter den Nordwänden des Langkofels geht. Unter einem kleinen Wasserfall ist der tiefste Punkt (2025 m) der Wanderung erreicht. Der letzte nennenswerte Aufstieg führt nun zum Rifugio Comici (5), 2154 m.

Zum Abschluss wandern wir – die Höhe weitgehend haltend – mit eindrucksvollen Blicken auf das Sella-Massiv zur »Steinernen Stadt«,

Der Langkofel im Abendlicht – von Nordwesten gesehen.

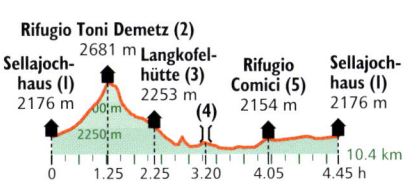

einer Felssturzlandschaft, in der dramatische Szenen für eine Bozen-Krimi-Folge gedreht wurden. Von dort ist es nicht mehr weit zum Sellajochhaus (1).

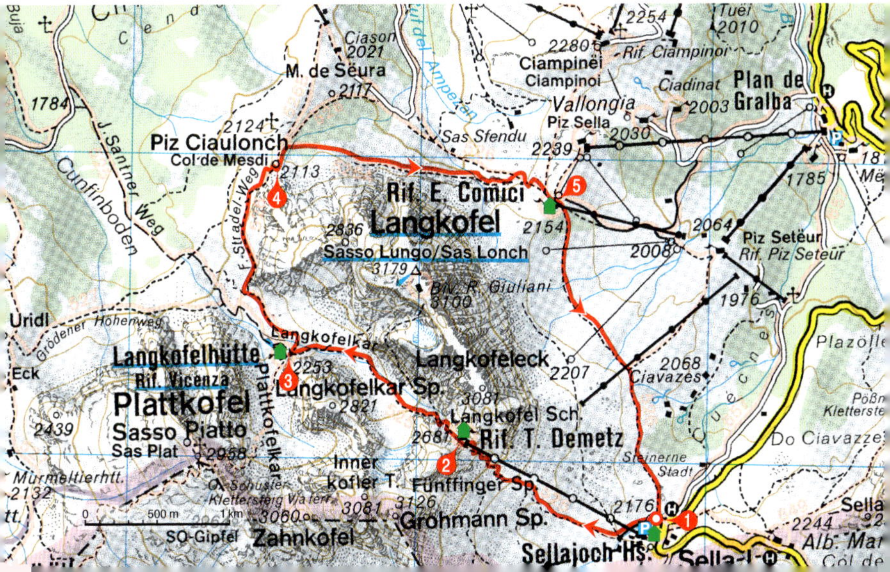

Seiser Alm / Dolomiten

45 Puflatsch, 2174 m

Von Compatsch über die Arnikahütte

Zu den sagenumwobenen Hexenbänken

Die wellige Hügellandschaft der Seiser Alm fällt nach Norden und Westen steil ab. Nach Nordwesten hin ist diese Geländekante besonders ausgeprägt. Dort steigt das Gelände nämlich wie ein Schüsselrand an zum Heideplateau des Puflatsch, wo dann senkrechte, fünfeckige Augitporphyritsäulen (ähnlich Basaltsäulen) die Abbruchkante bilden. Auf deren teils sesselförmigen Oberseiten sollen es sich einst Hexen bequem gemacht haben …

Die Arnikahütte am Rand des Puflatschplateaus. Dahinter der Langkofel.

Talorte: Seis, 1000 m, und Kastelruth, 1060 m; Zufahrt von Waidbruck im Eisacktal; an den Buslinien 170 (Bozen – St. Ulrich) und 171 (Völs – Brixen), lokales Shuttlebus-Netz.
Ausgangspunkt: Seiser-Alm-Gondelumlaufbahn, 1850 m (Talstation mit Parkplatz und Bushaltestelle am südlichen Ortsrand von Seis); Zufahrt nach Compatsch auch per Bus von Seis oder Kastelruth (»Seiser-Alm-Express«, Lokallinie 10).
Zielpunkt: Valentiner Hof, 1080 m.
Gehzeit: 4¼ Std.
Höhenunterschied: 420 m im Aufstieg, 1100 m im Abstieg.
Anforderungen: Tour übers Plateau leicht, der steile und raue Abstiegsweg verlangt stellenweise Trittsicherheit.
Einkehr/Übernachtung: Berggasthof Puflatsch-Seilbahn, 2110 m; Arnikahütte, 2059 m, Schafstall, 1473 m; Marinzenhütte, 1486 m. Variante: Dibaita/Puflatschhütte, 1950 m (Tel. +39 0471 729090).
Varianten: Wer es bei einem leichten Bergspaziergang (»blau«) belassen will, ignoriert den nach der Arnikahütte abzweigenden Abstieg und kehrt an der Puflatschhütte vorbei zur Gondelbahn nach Compatsch zurück (Gehzeit 2½ Std.)
Karte: Tabacco 1:25.000, Blatt 05: Gröden, Seiser Alm.

Von **Seis (1)** schweben wir mit der Goldelbahn nach **Compatsch (2)** hinauf. Bei der Bergstation folgen wir der Straße nach links. Oberhalb eines Wasserbeckens zweigen wir nach rechts auf einen Pfad ab, der über Almwiesen zum **Bergrestaurant Puflatsch (3)**, 2110 m, führt. Hinter dem Gasthaus führt ein Fahrweg geradewegs nach Norden. Abzweigungen nach rechts und gleich darauf nach links (eine Abkürzung zur Arnikahütte) werden ignoriert. So wandern wir über ein herrliches Heideplateau zum **Fillnkreuz (4)**, 2130 m. Nahe der Geländekante gelangen wir Richtung Westen zum höchsten Punkt (2176 m) am Puflatschplateau. An den **Hexenbänken (5)** können wir die Fantasie blühen lassen. Am **Goller Kreuz (6)**, 2104 m, vorbei erreichen wir die **Arnikahütte (7)**, 2059 m.

Der Wegweisung zur Puflatschhütte folgen wir einige Meter bergan und gehen auf einem Rücken nach Südwesten. Bald kommen wir so zu einer Verzweigung, bei der wir uns rechts halten (Weg 8). Jetzt geht es auf einem gut angelegten Bergpfad

Der schaut grimmig, bietet aber guten Halt ... (an der Abstiegsroute).

steil hinab über die Westabbrüche des Puflatsch. Unter imposant aufragenden Porphyritsäulen wird ein Trümmermeer überquert, dann taucht man für längere Zeit in den

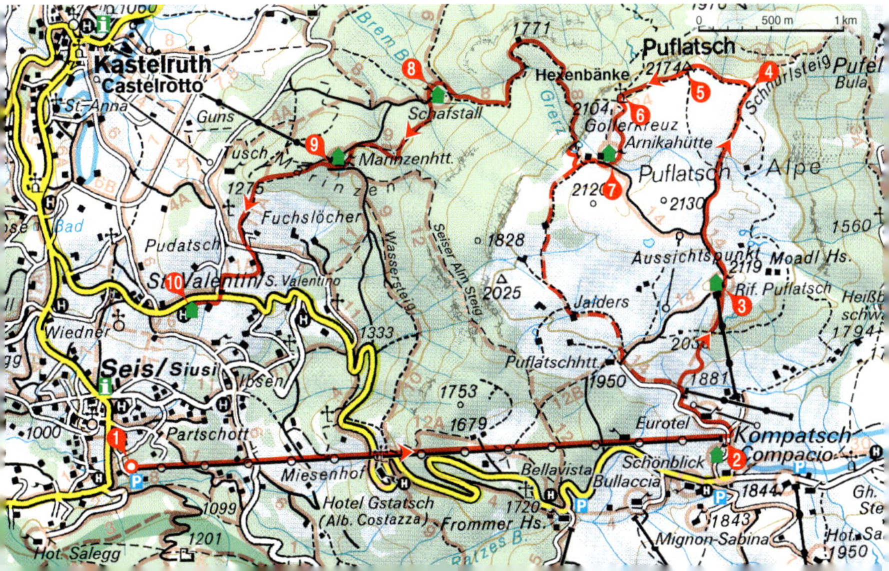

Der Puflatsch mit seinem großen Plateau; Abstieg über die Steilstufe links.

Wald ein. Nach der unbewirtschafteten Tschonadui-Hütte, 1770 m, nicht versehentlich einigen kleineren, unmarkierten Abzweigungen nachlaufen! Das könnte speziell bei einer Linkskehre des Hauptweges passieren, bei der man versucht sein könnte, geradeaus zu gehen. Am unteren Rand einer Wiese zweigen wir direkt beim Gasthaus Schafstall (8), 1473 m, nach links auf den Weg Nr. 9 ab.

Dahinter geht es kurz etwas bergauf, dann quert der Weg ohne nennenswerte Höhenunterschiede durch reizvolles Waldgelände zur Marinzenhütte (9), 1486 m.

Die Grundrichtung beibehaltend gehen wir an Gasthaus und Seilbahnstation links vorbei und schlendern über flache Bergwiesen. Bei einer Verzweigung lassen wir einen Weg nach Kastelruth rechts zurück. Schließlich erreichen wir ein Teersträßchen. Das führt zu einer Kreuzung, bei der es scharf nach rechts wieder Richtung Kastelruth geht; wir gehen hier mit der Markierung 11 Richtung Seis. Das schmale Sträßchen mündet bald in die breite Seiser-Alm-Straße.

Daran nach rechts entlang, gelangt man zum Valentiner Hof (10), 1180 m, hinab, in dem es sich gemütlich auf den nachmittags halbstündlich verkehrenden Shuttlebus (Linie 5) warten lässt, der direkt vor dem Gasthaus hält und uns – zunächst ein Stück bergauf – in einer interessanten Dorfrunde zur Talstation (1) zurückbringt.

Seiser Alm / Dolomiten

Seiser Alm, Spitzbühel, 1957 m

46

Über die Saltnerhütte zum Geologensteig ★★

Durch die vulkanische Vergangenheit der Dolomiten
Mit gut 50 km² gilt die Seiser Alm als größtes zusammenhängendes Almgebiet Europas. Sie gehört zu den Dolomiten, ihr sanftes Landschaftsbild zeigt aber, dass dort nicht das namensgebende Gestein den Ton angibt. Einen guten Eindruck von der teilweise vulkanischen Gesteinswelt im Untergrund der Alm bekommt man auf dem Geologensteig, der unterhalb der Proßliner Schwaige durch den Sockel der Seiser Alm führt.

KURZINFO

Talorte: Seis, 1000 m, und Kastelruth, 1060 m; Zufahrt von Waidbruck im Eisacktal; an den Buslinien 170 (Bozen – St. Ulrich im Grödnertal) und 171 (Brixen – Seis), gutes lokales Shuttlebus-Netz.
Ausgangspunkt: Bad Ratzes, 1207 m, beschilderte Zufahrt von Seis.
Gehzeit: 5 Std.
Höhenunterschied: 820 m.
Anforderungen: Einige rauere Wegabschnitte verlangen etwas Trittsicherheit (vor allem bei feuchtem Boden), ansonsten relativ problemlose Bergwanderung.
Einkehr/Übernachtung: Schlernbödelehütte, 1726 m (AVS, Tel. +39 0471 1885169 oder +39 0471 705345); Saltnerhütte, 1825 m; Proßliner Schwaige, 1739 m. Variante: Schlernhäuser, 2457 m (CAI, Tel. +39 0471 612024).
Variante: Abstecher zu den Schlernhäusern, 2457 m: auf dem Touristensteig (stellenweise »rot«) ab der Schlernbödelehütte gut 2 Std. rauf und 1½ Std. runter.
Karte: Tabacco 1:25.000, Blatt 05: Gröden, Seiser Alm.

Ideal für genussvolles Bummeln: die Seiser Alm, hier beim Spitzbühel.

Blick auf die Seiser Alm; rechts unten die Proßliner Schwaige.

Am Hotel **Bad Ratzes (1)** vorbei gelangen wir zu einer Brücke über den Frötscherbach. Auf der anderen Talseite folgen wir dem Weg Nr. 1 talein. Bei einer **Verzweigung (2)**, 1355 m, nehmen wir den rechten Weg. Der schlängelt sich durch steiles Gelände hinauf zur **Schlernbödelehütte (3)**, 1726 m. Hier nicht dem wilden Gamssteig zum Schlern hinauf folgen, sondern dem Touristensteig Nr. 1. Vorübergehend leicht ansteigend quert dieser Weg einige Seitenbäche im Nordosthang des Schlern. Abzweigungen zu den Schlernhäusern nach rechts (Touristensteig, Variante) und später zur Proßliner Schwaige nach links ignorieren wir. Immer talein gehend kommen wir so zu einer spektakulär konstruierten Brücke, 1809 m, über die wir auf die andere Seite des Ochsenwaldbachs gelangen. Dort noch kurz nach links hinauf, und schon ist die **Saltnerhütte (4)**, 1825 m, erreicht. Ihre Terrasse lockt mit einem genialen

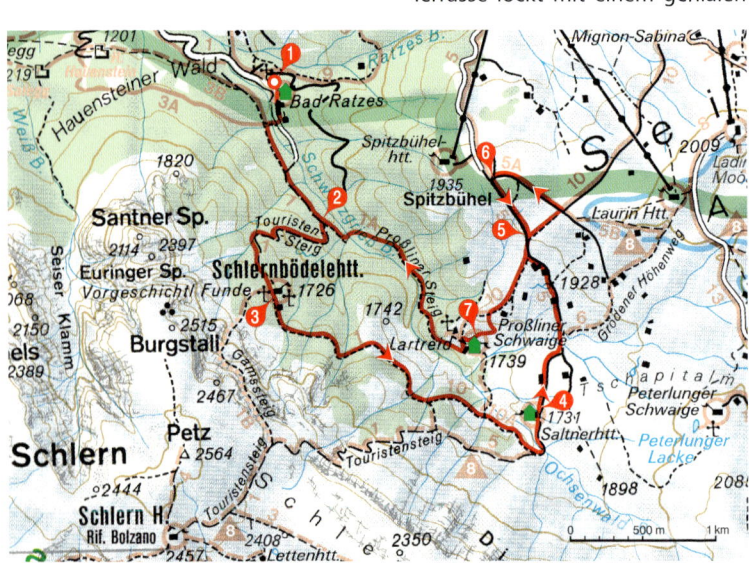

Seiser Alm / Dolomiten

Blick auf den Schlern, ihre Speisekarte mit lokalen Leckereien.

Weiter geht es auf dem Versorgungssträßchen, das moderat ansteigend über die südwestlichen Teile der Seiser Alm führt. Erste Abzweigungen ignorieren wir. Erst schräg gegenüber der **Abzweigung (5)** des schmalen, nach links hinabführenden beschilderten Weges zur Proßliner Schwaige (unser späterer Rückweg) zweigen wir nach rechts ab. Ein teils mit Platten befestigter Wiesenpfad leitet über einen aussichtsreichen Rücken am Rand der Seiser Alm. Wo wir wieder auf einen breiten Kiesweg treffen (1957 m), folgen wir dem nach links. Vor dem **Spitzbühel (6)** schwenken wir nach links auf den Fahrweg zur Saltnerhütte ein, sodass die kleine Aussichtsrunde gleich geschlossen ist. Auf dem schon angesprochenen Weg gehen

Ziel der Variante: die Schlernhäuser.

wir nach rechts hinab zur **Proßliner Schwaige (7)**, 1739 m.

Der Weg 1a, der Proßliner Steig bzw. Geologensteig, leitet zurück in die Waldzone. Wer sich dafür interessiert, kann am Weg u.a. fünf- und sechseckige, schwarze Basaltsäulen bewundern und sich vorstellen wie einst Magma in die darüberlagernden Kalke eingedrungen ist und dann durch die Schrumpfung bei der Abkühlung die eckigen Gestalten entstanden. Darunter passieren wir eine Zone mit vulkanischen Trümmermassen und einen Wasserfall. Bald nachdem wir über eine Brücke, 1344 m, auf die linke Bachseite gewechselt haben, treffen wir auf den Anstiegsweg, auf dem kurz darauf der Ausgangspunkt **(1)** erreicht ist.

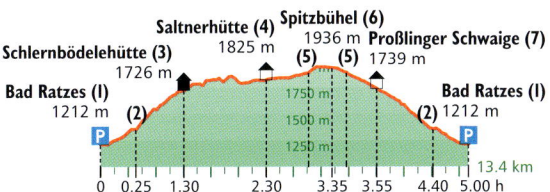

Schlern / Dolomiten

47 Schlern – Petz, 2564 m

Über Schäufelesteig und Prügelsteig ★★★

Auf Südtirols Wahrzeichen

Der Schlern ist das landschaftliche Wahrzeichen Südtirols – aus fast jedem Blickwinkel deutlich zu erkennen an seinem charakteristischen Gipfelplateau und den vorgelagerten Felszinnen der Santner- und Euringerspitze. Das Plateau ist in Mergeln und roten Sandsteinen der Raibler Schichten ausgebildet und wird gekrönt durch einige auffallende Dolomitklötze – wie der Petz und ganz am Nordrand der Burgstall. Beim Burgstall befindet sich eine der bedeutendsten vorgeschichtlichen Kultstätten Südtirols. Man fand dort unter anderem Gefäßscherben der ausgehenden Bronzezeit (Laugener Kultur) und der Eisenzeit, eine römische Bronzestatuette und römische Münzen. Nicht umsonst heißt die Monatszeitschrift für Südtiroler Landeskunde »Schlern«. Dieses Blatt ist übrigens eine unerschopfliche Quelle fur alle, die sich fur die Archäologie, Landschafts- und Kulturgeschichte sowie die Volkskunde Südtirols interessieren.

An den Hauptdolomit-Felsen zwischen Petz und Burgstall. Im Hintergrund die Zillertaler Alpen

KURZINFO

Talort: Völs, 880 m, an der Buslinie 170 (Bozen – St. Ulrich im Grödnertal).
Ausgangspunkt: Parkplatz nahe dem Völser Weiher, 1056 m; Zufahrt vom westlichen Ortsrand von Völs, auch per »Weiherbus« (Linie 13) möglich. Von der Bus-Haltestelle. St. Konstantin (Gh. zum Schlern) in ½ Std. zu Fuß zum Weiher.
Gehzeit: 8¾ Std. (mit Übernachtung in den Schlernhäusern gut 4½ + knapp 4¼ Std.).
Höhenunterschied: 1550 m.
Anforderungen: Gute Kondition für den langen und auf weite Strecken steilen Hüttenanstieg, der an einigen Stellen auch Trittsicherheit verlangt. Bei schlechter Sicht auf dem Plateau ganz genau an den Weg halten!
Einkehr/Übernachtung: Schlernhäuser, 2457 m (CAI, Tel. +39 0471 612024); Sesselschwaige, 1940 m; Tuffalm, 1273 m.
Variante: Abstecher vom Petz nach Norden übers Schlernplateau (teils weglos, nur bei guter Sicht!) zum sagenumwobenen Burgstall, 2515 m; geringe Höhenunterschiede, hin und zurück rund eine Stunde.
Karte: Tabacco 1:25.000, Blatt 029: Rosengarten, Latemar, Regglberg.

Schlern / Dolomiten

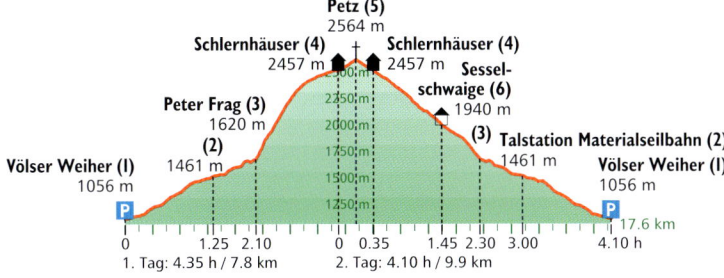

1. Tag: 4.35 h / 7.8 km   2. Tag: 4.10 h / 9.9 km

1. Tag: Vom **Parkplatz Völser Weiher (1)** spazieren wir am Huberweiher vorbei zur ersten Steigung. Wir verlassen nun gleich den Fahrweg und folgen einem Fußweg nach rechts. Im Wald halten wir uns einmal rechts und wechseln dann nach links auf einen aufwendig angelegten Felsenweg. Auf einer Wiese unterhalb der **Tuffalm**, 1273 m, folgen wir der Wegweisung zum Schlern nach rechts. Bei der **Talstation der Materialseilbahn (2)**, 1464 m, teilt sich der Weg; wir gehen hier links. Die Abzweigung (1480 m) zur Tschafonhütte lassen wir rechts zu-

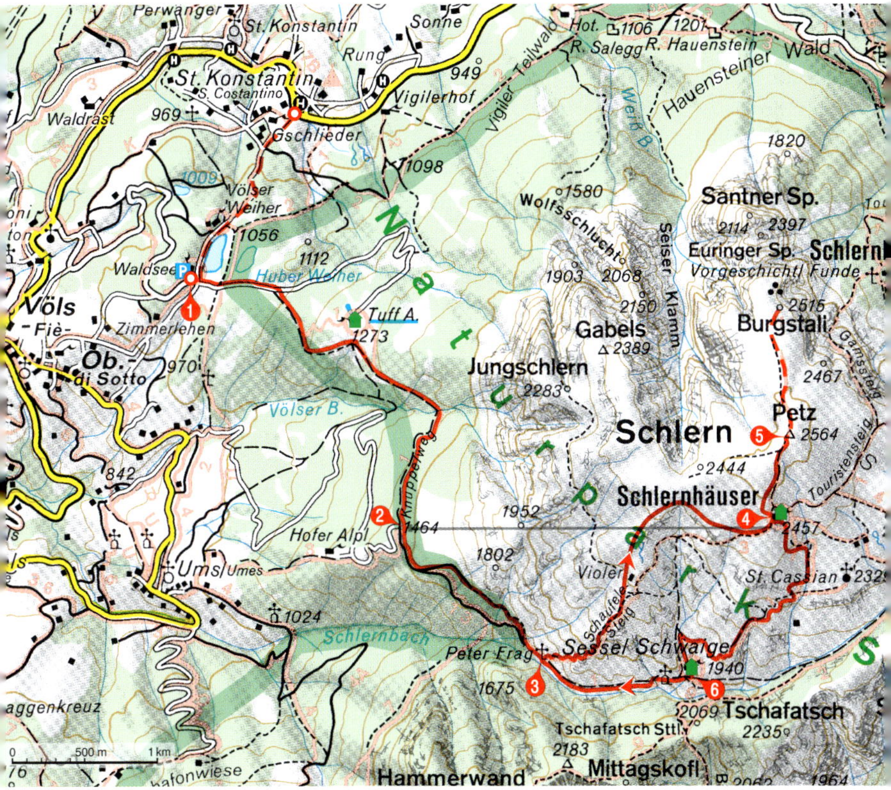

Die aus Steinen gelegte Hand am Schlernplateau. Links der prähistorisch bedeutende Burgstall, Ziel der Variante.

rück. Bald geht es bei einer Hangquerung vorübergehend etwas bergab. Eine weitere Abzweigung nach rechts bleibt unberücksichtigt. Beim Wegkreuz »Peter Frag« (3), 1620 m, mit einladendem, abgerundetem Brotzeittisch samt Bank verzweigt sich der Weg. Wir gehen hier links und gewinnen von nun an in einem wildromantischen Gelände zügig an Höhe. Einige wenige Stellen im felsdurchsetzten, teils latschenbewachsenen Steilgelände sind etwas abschüssig, weiter oben wird's dann flacher. Auf ca. 2230 m gehen wir im rechten Winkel über einen querenden Viehsteig hinweg und folgen den Markierungssteinen auf ein geneigtes Plateau. Unter der Materialseilbahn hindurch bleiben wir immer links von einer Bucht des Plateaurands (der Weg in der f&b-Karte kürzt hier »durch die Luft« ab). Schließlich nähert sich der Pfad wieder der Seilbahntrasse und nach einem längeren Abschnitt mit geringer Steigung sind die Schlernhäuser (4), 2457 m, erreicht.

2. Tag: Über den flachen Hang über den Schlernhäusern folgen wir dem Gipfelweg in einem Rechtsbogen zu einem markanten Felsklotz, dessen kleiner Abbruch problemlos überwunden wird. Jetzt stehen wir am höchsten Punkt des ganzen Schlernmassivs, dem Petz (5), 2564 m.

Er besteht ebenso wie die nördlich anschließenden Felsklötze aus dem jüngsten Schlerngestein, dem fast blendend weißen Hauptdolomit. Auf dem Anstiegsweg kehren wir zu den Schlernhäusern (4) zurück. Für den weiteren Abstieg nehmen wir den Weg Nr. 1, der von dort nach Süden führt – zunächst leicht fallend übers Plateau, dann steiler hinab über eine Geländestufe. Vor der nächsten Stufe weicht der Weg nach rechts aus und führt dann zur Sesselschwaige (6), 1940 m.

Am Weg zum Gipfel. Blick über die Schlernhäuser auf den Rosengarten (links) und die Latemargruppe (rechts).

Durch die wilde Schlernschlucht wandern wir schließlich auf einem Weg talaus, der für die Viehherden speziell befestigt wurde – und zwar mit Holzbohlen über dem Bachbett (daher der Name »Prügelsteig«).

Beim Kreuz »Peter Frag« (3) erreichen wir den Anstiegsweg wieder. Für eine abschließende Einkehr kurz vor dem Ende der Tour lohnt sich noch ein ganz kurzer Umweg über die Tuffalm, 1273 m.

Einzigartig: die Gast-»Stube« der Schlernhäuser.

Sarntaler Alpen

48 Rittner Erdpyramiden – Bad Sieß, 1434 m

Rundtour übers Bauernbad'l und Klobenstein ★★

Durch die paradiesische Landschaft des Rittner Plateaus
Am Rittner Plateau ging es schon zur Römerzeit geschäftig zu. Damals, wie auch im ganzen Mittelalter verlief die Brennerstraße nämlich nicht durch die unzugängliche Eisackschlucht, sondern über den Ritten. Aufmerksame Wanderer werden am Weg oberhalb der Erdpyramiden einen beschrifteten Stein entdecken, an dem man noch eine Spurrille der Wagenräder sehen kann. Im 17. Jahrhundert entdeckten dann wohlhabende Bozner Kaufleute den Ritten als Sommerfrische. Heute sind die Rittner Erdpyramiden ein »Muss« für jeden Südtirol-Urlauber. Dementsprechend viele Busladungen bewegen sich knipsend und angeregt parlierend auf dem Spazierweg oberhalb der Steinsäulen. Wegen der Aussicht auf die wirklich sehenswerten Naturphänomene gehen wir diesen Weg auch; wer dabei den Wunsch nach Ruhe entwickelt, wird schon kurz nach der Abzweigung auf den Zustiegsweg Richtung Bad Sieß zufriedengestellt. Jetzt geht es nämlich ein bisschen bergauf und schon sind die wenigen Wanderer unter sich.

KURZINFO

Talort: Bozen, 259 m, an der Bahnlinie München – Innsbruck – Verona.
Ausgangspunkt: Parkplatz Erdpyramiden (P5) oder beim Gasthof/Sporthotel Spögler, ca. 1140 m, in Lengmoos, knapp nördlich von Klobenstein. Zufahrt von Bozen per Pkw oder Linienbus (161); eine schöne Alternative bietet die Rittner Bahn: Per Seilbahn (die Talstation liegt wenige Gehminuten nördlich des Bozner Hauptbahnhofs) nach Oberbozen, weiter mit der traditionsreichen, 1907 gebauten Schmalspurbahn (s' Bahndl) nach Klobenstein; von dort 20 Min. Fußweg zum Ausgangspunkt).
Gehzeit: 3¼ Std.
Höhenunterschied: 380 m.
Anforderungen: Ein wacher Blick für Markierungen und Hinweisschilder ist von Vorteil, die Wander- und Spazierwege sind bei trockenen Verhältnissen problemlos.
Einkehr: In Lengmoos die Gasthöfe Amtmann (romantischer Biergarten am Seerosenteich) und Spögler sowie das Café Erdpyramiden; Bad Sieß, 1434 m; Rittner Stube, ca. 1170 m, in Klobenstein.

Karte: Tabacco 1:25.000, Blatt 034: Bozen Ritten.

Vom Sporthotel Spögler (1) gehen wir entlang der Straße zum Café Erdpyramiden (2). 50 m weiter geht es dann rechts ab auf den mit der Nr. 24 markierten Erdpyramiden-Weg zum Aussichtspunkt (3) mit Infotafel; er bietet interessante Blicke auf das Naturphänomen. Vor einer gedeckten Holzbrücke verlassen wir den 24er-Weg nach links und folgen nun dem Weg 3a, der zu einer schmalen Teerstraße führt. Darauf wird nur der Bach überquert, um dann nach links an einem Haus vorbei talein zu gehen. Vor einem weiteren Haus folgen wir dem Pfad, der nach rechts in den Wald hinaufführt. Nach einer Wiese kommen wir zu einigen Häusern. Unter dem Scheib-Gut vorbei und vor dem Haus Sonngarten links, folgen wir kurz der Teerstraße, um nach 15 m wieder nach rechts in den Wald zu gehen. Der blau markierte Weg 33 wird gekreuzt. Vor einer Lichtung halten wir uns links und wandern zunächst am Waldrand, dann an einem kleinen Bach entlang. Bei einer Straßenverzweigung folgen wir dem Wegweiser »Finkhof«. Einige hundert Meter weiter leitet uns die 13A nach rechts auf einen Waldweg. Ein Kiessträßchen wird dann kurz nach links verfolgt, bis das Schild »Bad Sieß« den Weg nach rechts hinauf weist. Über eine blumenreiche Wiese und an einem Stadel vorbei erreichen wir direkt Bad Sieß (4), 1434 m, mit seinem gemütlichen Gastgarten.

Oberhalb der Kapelle gehen wir zwischen den Gebäuden durch zur

Blick über die Erdpyramiden im Finsterbachtal. Im Hintergrund die Geislergruppe in den Dolomiten.

oberen Kegelbahn, dort links und unmittelbar hinter dem Gebäude wieder links. Jetzt geht es auf einem Wiesenpfad steil hinab. Ein Kiessträßchen wird dem Wegweiser »Himmelreich, 35« folgend überquert. Über einen Bach hinweg und kurz bergauf kommen wir auf einen Fahrweg. Diesen verlassen wir gleich wieder im spitzen Winkel nach rechts auf einen Pfad (leicht zu übersehen!). Unter einem Haus vor-

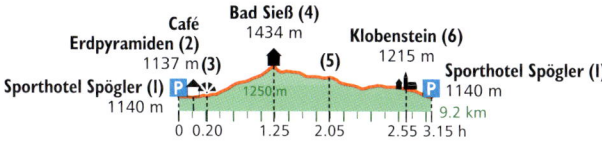

Am Weg 33a nach Klobenstein.

Lauschiger Biergarten am Seerosenweiher beim Gasthof Amtmann.

bei kommen wir auf eine große Wiese. An einer Hangkante lädt eine Bank zu aussichtsreicher Rast. Über den Wiesenhang geht es dann noch etwas hinab, bevor eine Querung nach rechts zu einem Hof führt. Weiter geht es auf dessen gekiestem Zufahrtsweg. Rund 100 m vor einem Stadel zweigt ein Pfad über eine Wiese ab, die sich links unter uns ausbreitet (bei kurzem Gras ist der Pfad leicht zu übersehen, ebenso wie der zugehörige Wegweiser »Himmelreich« an der rechten Straßenseite). Wir folgen diesem Pfad (3A), verlassen ihn aber bald wieder: Im Wald (5) zweigen wir nach links auf den Weg 33 ab. Ausgesprochen reizvoll wandern wir an einem Bach entlang bergab. Eine erste Abzweigung nach rechts ignorieren wir, der zweiten folgen wir mit der Wegweisung nach Klobenstein (»33a, 50 Min.«). Es folgt eine genussvolle Hangquerung. Nach der Waldpassage geht es kurz nach rechts hinauf und anschließend nach einem Linksbogen an einem Bauernhof vorbei. So trifft man auf einen Fahrweg, auf dem es nach rechts weitergeht. Nach einer Lichtung ignorieren wir zwei Abzweigungen nach links und gehen geradewegs nach Klobenstein, zum Schluss entlang der Teerstraße.

Beim Kreisverkehr (6) zwischen der Rittner Stube und dem Haus Kerschbaumer geht's links auf den schmalen Weg 1A hinab. Unter einem kleinen Weiher gehen wir nach links über eine Brücke und gleich wieder rechts zwischen Wiese und Auwald bergab. Über eine Hangstufe geht es beschildert nach rechts hinab; so kommen wir wieder zum Ausgangspunkt beim Spögler (1) in Lengmoos.

Sarntaler Alpen

Kassianspitze, 2581 m

Über Klausner Hütte und Latzfonser-Kreuz-Hütte ★★

Gemma wallfahr'n!
Die Kassianspitze ist der Hausberg der Latzfonser-Kreuz-Hütte, die als Pilgerherberge für Wallfahrer gebaut wurde. Ziel der Wallfahrt ist die kleine Kirche, die den Sommer über das Latzfonser Kreuz beherbergt. Dieses auch als »Schwarzer Herrgott« bekannte gotische Holzkruzifix ist bis zum Jahr 1700 in der Totengruft von Latzfons gelegen und dann als Wetterkreuz auf den Berg gestellt worden – auf dass es Wetterunbilden abwenden möge. 1743 wurde eine Kapelle für das Kreuz gebaut; nachdem diese abgebrannt war, wurde 1868 das heutige Gotteshaus eingeweiht.

KURZINFO

Talort: Latzfons, 1161 m, Bus 342 von Klausen bzw. Brixen im Eisacktal.
Ausgangspunkt: Parkplatz beim Kühhof, 1587 m; Zufahrt auf der Höhenstraße (kurz nach Latzfons rechts ab).
Gehzeit: 6¼ Std.
Höhenunterschied: 1030 m.
Anforderungen: Bis zur Hütte leichte Bergwanderung, für den Pfad auf den Gipfel ist etwas Trittsicherheit angenehm.
Einkehr/Übernachtung: Klausner Hütte, 1923 m (CAI, Tel. +39 320 7078058); Latzfonser-Kreuz-Hütte, 2311 m (Tel. +39 0472 545017 oder +39 334 1145608).
Variante: Rückweg von der Kirche auf dem hangquerenden Steig – teils etwas ausgesetzt und gesichert – mit einigem Auf und Ab zur Fortschellscharte und von dort nach rechts hinunter zum Anstiegsweg (¾ Std. zusätzlich).
Karte: Tabacco 1:25.000, Blatt 40: Sarntaler Alpen.

Die höchstgelegene Wallfahrtskirche Europas, 1868 erbaut.

Sarntaler Alpen

Auf der Ebene beim Latzfonser Kreuz. In der Bildmitte die Kassianspitze.

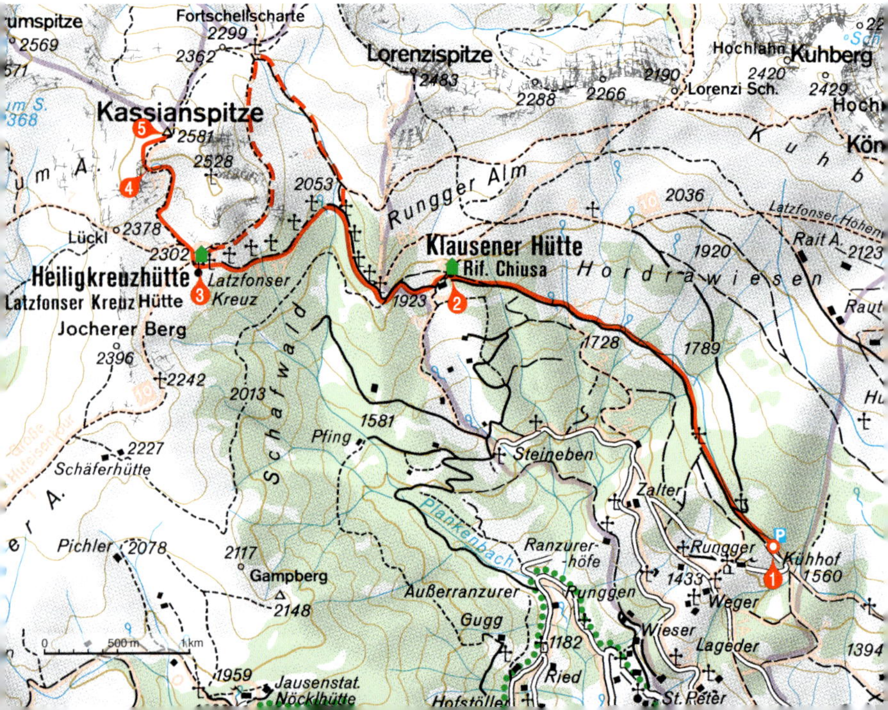

»Schlüsselstelle« zwischen Latzfonser Kreuz und Fortschellscharte (Variante).

Vom Parkplatz beim **Kühhof (1)**, 1560 m, spazieren wir auf dem bequemen Güterweg Nr. 17 ohne starke Steigungen zur **Klausner Hütte (2)**, 1923 m. An der Runggerer Saltnerhütte vorbei geht es um den Südrücken der Lorenzispitze herum und nach rechts hinein ins Quelltal des Plankenbachs. Begleitet von Kreuzwegstationen wandern wir in einem weiten Bogen durchs Tal. Der breite Wallfahrtsweg windet sich schließlich etwas stärker ansteigend über alpine Matten hinauf zum **Latzfonser Kreuz (3)**, 2311 m, mit der Kirche und dem gastlichen Schutzhaus.

Im weiten Almboden westlich der Hütte folgen wir dann nicht dem Weg zum Lückl, sondern gleich dem beschilderten Pfad nach rechts. So gelangen wir über eine Geländestufe zum kleinen **Kassiansee (4)**, 2474 m, einem reizvollen Karsee. Weiter führt der Weg hinauf in den Sattel links (westlich) unseres Gipfelziels und zieht schließlich über den Südwestrücken zum Kreuz auf der **Kassianspitze (5)**, 2581 m.

Auf dem Anstiegsweg kehren wir zurück zum Ausgangspunkt (1).

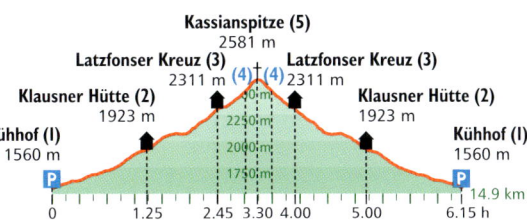

50 Königsangerspitze, 2436 m

Vom Perlunger Hof über die Radlseehütte ★★

Urgemütliche Hütte hoch über Brixen

Für manche sind die rassigen Maccheroni der Radlseehütte die Hauptmotivation, Richtung Königsangerspitze aufzusteigen. Das schmackhafte Essen ist wirklich ein guter Grund für die Tour, aber bei weitem nicht der einzige: Für diese Wanderung sprechen ebenso der reizvolle Bergsee, der immer wieder faszinierende Blick auf die Dolomiten und die Königsangerspitze selbst. Auf ihrem Gipfel fand man Keramikfragmente – 3000 Jahre alt!

KURZINFO

Talort: Brixen, 564 m, im Eisacktal; Bhf. der Brennerbahn Innsbruck – Bozen.
Ausgangspunkt: Parkfläche beim Perlunger Hof (erste Erwähnung 1187!), 1393 m; Zufahrt von Brixen; dort nördlich des Bahnhofs unter den Gleisen durch, gleich darauf auch die Autobahn unterqueren und über Pinzagen nach Tils fahren; dort links und den Schildern folgend zum Perlunger.
Anforderungen: Relativ leichte Bergwanderung auf teils rauen, bei trockenen Verhältnissen aber problemlosen Bergwegen und -pfaden, bis zur Hütte braucht man stellenweise einen wachen Blick für die Markierungen, der Gipfelrücken verlangt an einer Stelle etwas Trittsicherheit (knapp »rot«).
Höhenunterschied: 1050 m.
Gehzeit: 5¾ Std.
Einkehr/Übernachtung: Radlseehütte, 2284 m (AVS, Tel. +39 0472 855230).
Variante: Wer sich einen »roten« Abstieg zutraut, quert von der Hütte unter dem Hundskopf nach Osten, folgt dem steil hinabführenden Pfad und trifft beim Tannefrit-Kreuz auf den Anstiegsweg.
Karten: Tabacco 1:25.000, Blatt 40: Sarntaler Alpen.

Blick von der Hütte über den Radlsee auf die Königsangerspitze.

Vor dem **Perlunger Hof (1)** gehen wir nach rechts und gelangen am Zaun entlang zu einem Fahrweg. Wo die Kiesstraße eine Rechtskehre vollzieht, halten wir die Grundrichtung bei und gehen auf dem Weg Nr. 8 halbrechts bergauf. Nach einer Brücke folgen wir der Wegweisung nach rechts und steigen auf einem mit Holzstufen befestigten Steig kurz im **Bärengraben** auf, bis der Weg dann quer durch den Wald wieder den Karrenweg erreicht. Auf diesem geradeaus, passiert man bald das **Tannefrit-Kreuz (2)**, 1771 m. Dort zweigt der direkte und steilere Weg rechts ab (Variante). Wir gehen hier geradeaus und kommen auf eine breite Forststraße.

Die Radlseehütte. Im Hintergrund Geisler-, Sella- und Langkofelgruppe (v. l.).

Dieser folgen wir, bis uns die Markierung auf einen schmäleren Weg nach rechts in den Wald schickt. Wieder auf einem Fahrweg, erreichen wir darauf bzw. auf markiertem Abkürzer die Talstation der Materialseilbahn, die wir rechts passieren. Der weitere Aufstieg führt durch ein letztes Waldstück zur Mattenzone hinauf, wo die Hütte denn auch bald ins Blickfeld rückt. Oberhalb der **Radlseehütte (3)**, 2284 m, folgt der Pfad dem bogenförmigen Rücken, der rechts über dem See zum großen Gipfelkreuz der **Königsangerspitze (4)**, 2436 m, hinaufzieht.

Abstieg auf dem Anstiegsweg.

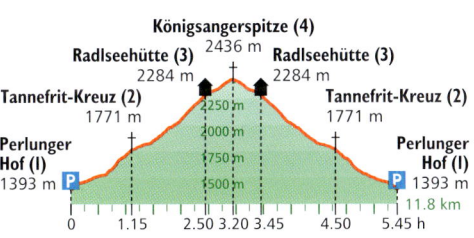

Sarntaler Alpen

51 Tagewaldhorn, 2708 m

Aus dem Eisacktal durchs Flaggertal

Einsam – und sehr lang!

Freunde kurzer Anstiege brauchen hier nicht weiterzulesen. Vom tief eingeschnittenen Eisacktal durchs lange Flaggertal über die Marburger Hütte aufs Tagewaldhorn zu steigen, ist eine echte Herausforderung für die Ausdauer. Wer sie annimmt, wird aber durch die unvergleichliche Atmosphäre eines wirklich einsamen Gebirgstales belohnt, das vollkommen unterschiedliche Welten miteinander verbindet: unten die dichtbewaldete Talkerbe des Eisack und oben die subarktisch anmutenden alpinen Matten und Schrofenzonen um den Flaggersee. An diesem reizvollen Platz liegt die Marburger Hütte, in der man auch übernachten sollte. So lässt sich die Marathontour auf zwei leichter zu bewältigende Etappen aufteilen. Wer nicht gleich wieder ins Tal muss, kann von der Hütte in den Hufeisenweg einschwenken und zum Beispiel übers Latzfonser Kreuz und das Rittner Horn gen Bozen wandern.

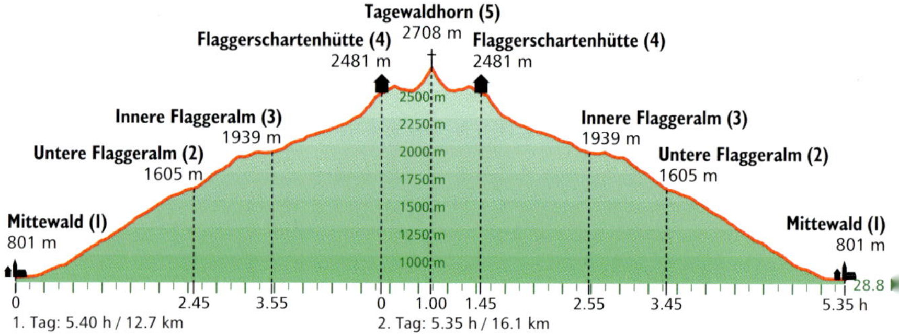

Herrliches Farbenspiel: die Flaggerschartenhütte im letzten Tageslicht.

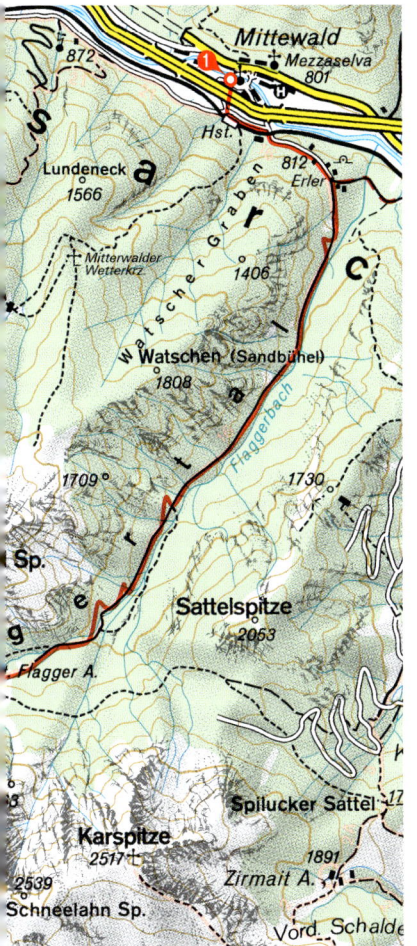

KURZINFO

Talorte: Mittewald, 801 m, im Eisacktal zwischen den Autobahnausfahrten Sterzing und Brixen-Nord; nächster Bahnhof der Brennereisenbahn: Franzensfeste.

Ausgangspunkt: Parkplatz bei der Kirche bzw. dem Friedhof; Zufahrt: von der Landstraße zwischen Bus-Hst. (Linie 310 Sterzing – Brixen) und Gasthof Thaler abzweigen und über die Eisackbrücke.

Gehzeit: 11¼ Std. (bei Übernachtung in der Flaggerschartenhütte knapp 5¾ Std. und gut 5½ Std.).

Höhenunterschied: 2020 m.

Anforderungen: Zur Hütte anstrengende, aber leichte Bergwanderung; der Gipfelanstieg verlangt Trittsicherheit und Gewandtheit in alpinem Felsgelände.

Einkehr/Übernachtung: Flaggerschartenhütte, 2481 m (Marburg-Siegener Hütte, CAI, Tel. +39 347 8284867).

Variante: Wer mit dem Zug anreist, kann vom Bahnhof Franzensfeste zum südlichen Ortsteil gehen, dort die Gleise unterqueren und auf dem Weg 16 südwestl. des Eisack talauf zur Mündung des Flaggertals wandern (1 Std. zusätzlich).

Karten: Tabacco 1:25.000, Blatt 40: Sarntaler Alpen.

Sarntaler Alpen

1. Tag: In **Mittewald (1)** unterqueren wir zuerst die Auto- und Eisenbahn. Danach geht es nach links und am Talrand leicht ansteigend zu einigen Häusern (Erler). Dort zweigt der mit der Nummer 16 markierte Weg durchs Flaggertal in Form eines Gütersträßchens nach rechts ab. Das leitet über satte 800 Höhenmeter hinauf zur **Unteren Flaggeralm (2)**, 1605 m. Weiter geht es auf einem Wanderweg; der entfernt sich vorübergehend etwas vom Flaggerbach und gewinnt rechts am Hang an Höhe – sozusagen ein »Anlauf« für die folgende Talstufe. Über alte Muren und durch steilere Geländepartien kommt man zur Oberen Flaggeralm. Bald darauf öffnet sich eine Schwemmebene, der **Möslboden** (Moserboden) mit der **Inneren Flaggeralm (3)**, 1939 m. Die abzweigenden Wege 21 (zum Kreuzjoch) und 19 (über die Kaserscharte ins Schalderer Tal) igno-

Kleine Lacke nahe der Flaggerscharte. Blick übers Flaggertal hinweg nach Osten.

Bild oben: die Flaggerschartenhütte am gleichnamigen See, rechts im Hintergrund das Tagewaldhorn.

rieren wir. Das Almgebäude lassen wir links liegen und folgen dem Flaggerbach weiter talein. Nach dem Sulzboden ist noch eine schweißtreibende Talstufe zu überwinden, bevor die Flaggerscharte erreicht ist. Dort, beim Wegweiser, gehen wir nach rechts und in wenigen Minuten zur kleinen aber gemütlichen Flaggerschartenhütte (4), 2481 m.

2. Tag: Am nächsten Tag ziehen wir am Sarner Hufeisenweg Richtung Norden los und lassen den Flaggersee links zurück. Nach kurzem gesichertem Zwischenabstieg verlassen wir den Hufeisenweg: Noch vor der Hörtlaner Scharte zweigen wir nach rechts ab und queren durch die Südflanke unseres Gipfelziels. Dann geht es doch steil nach links hinauf und rechts haltend zu einer kleinen Scharte. An einem Felszapfen links vorbei, folgen wir schließlich dem felsigen Ostgrat zum Gipfel des Tagewaldhorns (5), 2708 m.

Auf dem Anstiegsweg kehren wir zurück zum Ausgangspunkt (1).

Sarntaler Alpen

52 Tatschspitz(e), 2526 m

Vom Penser Joch über die Westflanke

Aussichtsreicher Eckpfeiler der Sarntaler Alpen
Will man von Sterzing aus mal schnell auf einen Zweieinhalbtausender mit bester Aussicht über die Eisacktaler und Pustertaler Berge, dann fährt man am besten aufs Penser Joch und geht dann in gerademal 2 Std. auf den Tatschspitz. Dabei erlebt man auch gleich etwas von dem typischen Charme der Sarntaler Alpen – mit großen Grasflanken, teils schwungvoll gezeichneten Geländeformen und alpinen Schrofenzonen.

KURZINFO

Talort: Sterzing, 948 m, im Eisacktal, Bhf. der Brennerbahn Innsbruck – Bozen.
Ausgangspunkt: Penser Alm, 2158 m, knapp südöstlich vom Penser Joch, 2211 m; Zufahrt von Sterzing: kurz nach Westen, dann links ab; bald nach der Passhöhe taucht links die Penser Alm auf. Größere Parkflächen schräg gegenüber der Alm und etwas unterhalb.
Gehzeit: 3¾ Std.
Höhenunterschied: 520 m.
Anforderungen: Etwas Trittsicherheit für den schmalen Pfad in den Grashängen und für die Querung der Schrofenflanke am Niedeck; der Gipfelaufbau ist steinig, aber relativ unproblematisch.
Einkehr-/Übernachtung: Unterwegs keine, am Ausgangspunkt die Penser Alm, 2158 m; an der nahen Passhöhe der Gasthof Alpenrosenhof, 2215 m (Tel. +39 0472 647170).
Karten: Tabacco 1:25.000, Blatt 40: Sarntaler Alpen.

Blick über den Niedereck-Kamm zum Tatschspitz links im Hintergrund.

Der Hauptgipfel im warmen Licht eines herbstlichen Spätnachmittags.

Hinter den Gebäuden der **Penser Alm (1)**, 2158 m, gehen wir einige Meter bergan und wandern auf einen nur anfangs unscheinbaren Pfad Richtung Süden. Dieser Weg (Nr. 14A) leitet sehr aussichtsreich durch zunächst flache, dann immer steilere Grashänge um den Astenberg herum.

Kurz vor dem **Niedereck** wendet sich der Weg nach links und quert eine etwas bröselige Flanke, die einen beeindruckenden Tiefblick ins Egger Untertal bietet. Den Hufeisenweg lassen wir rechts zurück. An der nächsten **Abzweigung (2)** ignorieren wir den Weg Richtung Puntleider Alm und gehen auf die Nordwestflanke des Tatschspitz. Neben einem kleinen Blockmeer gelangen wir in einem Rechtsbogen bis unter die zwei Gipfel. Der linke ist der höchste Punkt des **Tatschspitz (3)**, 2526 m.

Am Anstiegsweg kehren wir zurück zur **Penser Alm (1)**.

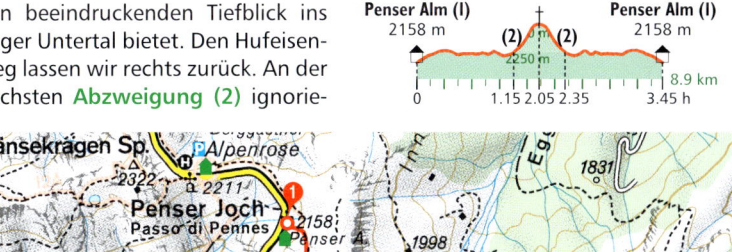

Zillertaler Alpen / Pfunderer Berge

53 Pfunderer Höhenweg, bis 3132 m

Von Sterzing nach Bruneck

In fünf bis sechs Tagen durch ein wildes und stilles Gebirge

Die offiziellen Gebirgsgruppeneinteilungen sehen die Pfunderer Berge nur als Teil der Zillertaler Alpen. Das schmälert aber nicht die Attraktivität und Eigenständigkeit dieser ausgedehnten Bergregion. Die Pfunderer Berge wirken im Vergleich zum benachbarten Zillertaler Hauptkamm auf den ersten Blick relativ brav – viel Gras, keine Gletscher (mehr), nur wenige Dreitausender. Und so wundert es nicht, dass dieses Gebirge nicht gerade für hochalpine Herausforderungen berühmt ist.

Der rund 70 km lange Höhenweg, auf dem man die Pfunderer Berge durchwandern kann, wird daher oft unterschätzt. Der Weg verlangt mehr alpine Erfahrung und Selbstständigkeit als der Meraner Höhenweg oder das Sarner Hufeisen. Allein schon das vermeintlich langweilige Gras ist eine Herausforderung: Zum einen, wenn es die oft spärlichen Wegspuren (manchmal auch die Markierungen) komplett überwuchert, zum anderen, wenn man im Steilgelände feuchte Grashänge queren muss – Ausrutschen ist dann Tabu! Das gilt auch für die Querung der Schneefelder, die man im Frühsommer antreffen kann – zumal dann, wenn sie vormittags möglicherweise noch gefroren sind. Wer Erfahrung und Sicherheit für solche Bedingungen mitbringt, kann den Pfunderer Höhenweg aber in vollen Zügen genießen – und wird in aller Regel auch echte Bergeinsamkeit erleben. Die Route berührt weder Seilbahnen noch Passstraßen noch sonst irgendwelche Einrichtungen des Massentourismus. Die Königsetappe ist die von der Brixner Hütte zur Edelrauthütte – sowohl hinsichtlich des abgeschiedenen alpinen Ambientes, als auch wegen der Länge. Wer richtig gut drauf ist, kann sie an einem (langen!) Tag bewältigen, ansonsten sollte man sich auf eine Nacht im kleinen, etwas unterhalb des Weges gelegenen Brenninger-Biwak einrichten.

Der Graunock, wie er von der vorletzten Etappe aus zu sehen ist.

Die Beschilderung ist meist gut, zwischendurch geht es aber auch durch praktisch wegloses Gelände – dann sind rote Kreise mit weißer Füllung (oft auf Steine gemalt, hier auf dem mittleren Schild) wegweisend.

KURZINFO

Talort: Sterzing, 948 m, Bhf. der Brennerbahn Innsbruck – Bozen und der Pustertallinie Innsbruck – Bruneck – Lienz.

Ausgangspunkt: Wiesen, 948 m im untersten Pfitschtal, Parkplätze nahe der Kirche und beim Freizeitgelände; Bus 311 von Sterzing, Hst. nahe der Kirche. Zu Fuß vom Bhf. Sterzing ½ Std. Große Übersichtstafel zum Pfunderer Höhenweg an der Abzweigung des Geirwegs.

Zielort: St. Georgen, 820 m; per City-Bus 420.1 nach Bruneck, wo sich Cafés in der Altstadt (Fußgängerzone) für eine abschließende Einkehr anbieten. Rückfahrt nach Sterzing mit der Pustertalbahn.

Gehzeit: Rund 35 Std. (5 oder 6 Tage).

Streckenlänge: Rund 70 km.

Höhenunterschied: Rund 6000 m..

Anforderungen: Sehr gute Kondition, Trittsicherheit, Orientierungssinn und Erfahrung in der Einschätzung alpiner Gefahren. Einige wenige Passagen erfordern den Gebrauch der Hände – bis hin zur Kletterei im I. Schwierigkeitsgrad; eine oft unterschätzte Gefahr (insbesondere bei Nässe und Schnee) sind die steilen, oft mit Schrofen durchsetzten Grashänge!

Beste Zeit: Mitte Juli – September. Im Frühsommer vorher Schneelage checken!

Einkehr-/Übernachtung: Simile-Mahd-Alm, 2011 m (Tel. +39 0472 647162); Brixner Hütte, 2307 m (AVS, Tel. +39 0472 547131), Obere Engbergalm, 2123 m, unterhalb des Weges (nur Notlager), Brenninger Biwak, 2150 m (unterhalb des Weges, unbewirtschaftet, Küche, 8 Schlafplätze); Edelrauthütte, 2545 m (Eisbruggjochhütte, CAI, Tel. +39 340 6604738); Gampishütte, 2223 m; Tiefrastenhütte, 2312 m (AVS, Tel. +39 334 9896370); Ghf. Kofler am Kofl, 1487 m (keine Übernachtung).

Varianten: A) Erster Tag: Am Trenser Joch die obere Wegvariante (Ww. Sterzinger Hütte) nehmen und über die Sengesspitze, 2368 m, sowie einen aussichtsreichen Doppelrücken auf einen breiten Sattel zugehen. Wir verlassen den zur Sterzinger Hütte führenden Weg nach rechts auf eine abwärts querende schwache Pfadspur. Nach einer Geländestufe wenden wir uns wiederum nach rechts und gehen an einer Quellzone vorbei zur Simile-Mahd-Alm, 2011 m.
B) Letzter Tag: Vom Wiesensattel vor dem Sambock nach links, zunächst weglos durch ein breites Kar zu einer weithin sichtbaren Karrenspur auf der anderen Seite des Kars; darauf hinab zur Oberen Pitzinger Alm; dort nach rechts auf die Kiesstraße, bei folgender Verzweigung rechts und auf den Hauptweg (Nr. 66).

Karten: Tabacco 1:25.000, Blatt 37: Hochfeiler, Pfunderer Berge; Blatt 33: Pustertal, Bruneck. Für die letzte Etappe: Freytag & Berndt 1:50.000, WKS 3: Pustertal, Bruneck, Drei Zinnen.

Wer eine längere Anreise hat, übernachtet vor der ersten Tagesetappe am besten in Wiesen oder in der nahen, reizvollen Fuggerstadt Sterzing (Bild).

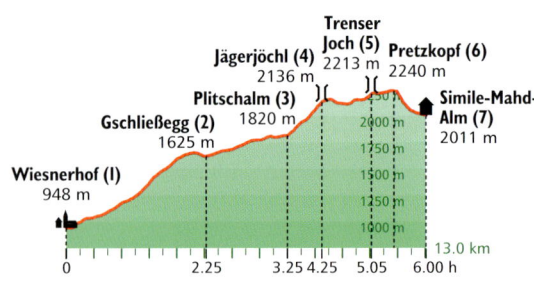

1. Etappe (1400/350 Höhenmeter):

Beim **Wiesnerhof (1)** gehen wir in den Geirweg und vor dem dem Freizeitgelände links in den Angerweg (weitere Parkplätze). Nach Über-

querung des Pfitscher Bachs leitet der halbrechts ansteigende Weg durch Wald hinauf zu einem Sträßchen. Vom Weg Richtung Sprechenstein löst sich der Pfunderer Höhenweg bald nach links und zieht über bewaldete Hänge auf den Rücken des **Gschließegg (2)**, 1622 m, mit seinem Aussichtspunkt. Von der Markierung lassen wir uns nach Osten leiten. Den links abzweigenden Weg nach Tulfer ignorieren wir und queren durch die Hänge des Partinger Lahner hinüber zur **Plitschalm (3)**, 1820 m.

Anschließend geht es weiter hinauf zum **Jägerjöchl (4)**, 2148 m. Dort überschreiten wir den Südrücken des Höllenkragen (eine weitere Abzweigung dort hinauf lassen wir links liegen) und queren mit einem Zwischenabstieg durch die Ostflanke des Höllenkragens. Entlang einem eigenartigen Geländeabsatz gelangen wir zum **Trenser Joch (5)**, 2213 m, wo man in halb verfallenen Holzhütten notfalls spärlichen Schutz vor Wetterunbilden finden kann.

Am Rücken gehen wir weiter Richtung Nordosten und treffen auf eine Verzweigung. Der kürzeste Weg zum heutigen Tagesziel führt hier nach rechts hinab: Auf einen schmalen Pfad, der durch einen Grashang auf den kreuzgeschmückten, felsigen **Pretzkopf (6)** zuleitet. Links von dieser markanten Geländemarke beginnt der Pfad kräftig an Höhe zu verlieren. In steilem Grasgelände folgen wir nun exakt dem schmalen Pfad. Ein kurzes Schrofenwandl kann man rechts umgehen. Danach führt der Pfad links um ein exponiertes Eck (Gedenk-Marterl) und quert eine steile Grasrinne, bevor er direkt auf die **Simile-Mahd-Alm (7)**, 2011 m, zuführt.

Spärlich markiert und abschnittsweise sogar fast weglos: Abstieg zur Simile-Mahd-Alm auf Variante A.

In steilem Gras- und Schrofengelände: der direkte Abstiegspfad (unten im Bild) zur Simile-Mahd-Alm.

Von der Simile-Mahd-Alm (halb links unten) geht es nach rechts ins Sengesbachtal und dann schräg nach links hinauf zum Sengesjöchl (Bildmitte).

2. Etappe (1200/900 Hm):
Von der Simile-Mahd-Alm (7) queren wir zunächst über das Almgelände nach Osten. Nach einer Bachüberquerung weicht der Weg dem Similikofl nach rechts aus und führt dann in einem weiten Linksbogen ins einsame Sengesbachtal. Darin

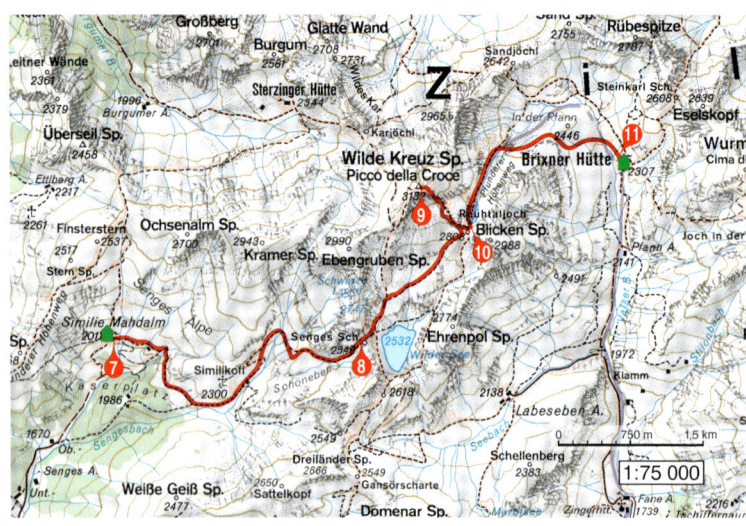

Beim Abstieg vom Rauhtaljoch. Links die Grabspitze, rechts im Hintergund Hochfeiler und Weißzint im Zillertaler Hauptkamm.

steigen wir auf, bis der Pfad nach rechts ins Schönebenkar führt. Im **Sengesjöchl (8)**, 2618 m, öffnet sich dann der Blick auf den Wilden See. Oberhalb davon queren wir auf teils dürftigen Pfadspuren vorbei, die – bald wieder deutlicher ausgeprägt – Richtung Rauhtaljoch hinaufziehen.

Wenn kein Gewitter droht und man noch gut drauf ist, sollte man die Gelegenheit nicht auslassen, kurz vor dem Joch links abzubiegen und in weniger als 1 Std. auf den höchsten Gipfel der Pfunderer Berge zu steigen, die **Wilde Kreuzspitze (9)**, 3132 m, Die meist deutliche Pfadspur zum Gipfel wird zum Schluss etwas schrofig, aber nie schwieriger als der eigentliche Höhenweg.

Zurückgekehrt zum **Rauhtaljoch (10)**, 2808 m, steigen wir nach Norden hinab. Wenn Schnee bzw. Firn noch bis oben hin reicht, beginnen wir den Abstieg ganz rechts (am Fuß der Blickenspitze), schauen dann aber, dass wir gleich unter dem Joch auf die linke Seite des Firnfeldes kommen. Dort leitet ein steiniger Pfad hinab in den weiten Talkessel **»In der Pfann«**, wo wir einen Bach mit etwas instabiler Uferkante überqueren und schließlich zur kleinen **Brixner Hütte (11)**, 2307 m, des Alpenvereins Südtirol schlendern.

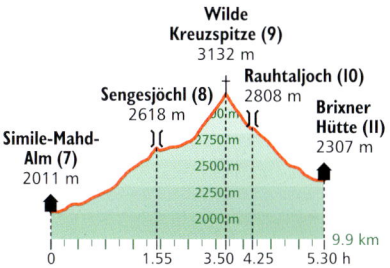

Blick von Nordosten auf die Steinkarlscharte, den ersten Höhepunkt der Etappe. Links davon Eselskopf und Wurmaulspitze, rechts die Pfannspitze.

3. Etappe (1600/1360 Hm, evtl. auf 2 Tage aufteilen):
Wer diese sehr lange Etappe an einem Tag bewältigen will, startet so früh wie nur irgend möglich an der **Brixner Hütte (11)**. Wir halten auf den markanten Eselskopf zu und steigen hinauf zur links davon gelegenen **Steinkarlscharte (12)**, 2608 m. Beim Abstieg auf der anderen Seite heißt es aufpassen: Wegen der Nordostexposition kann sich hier

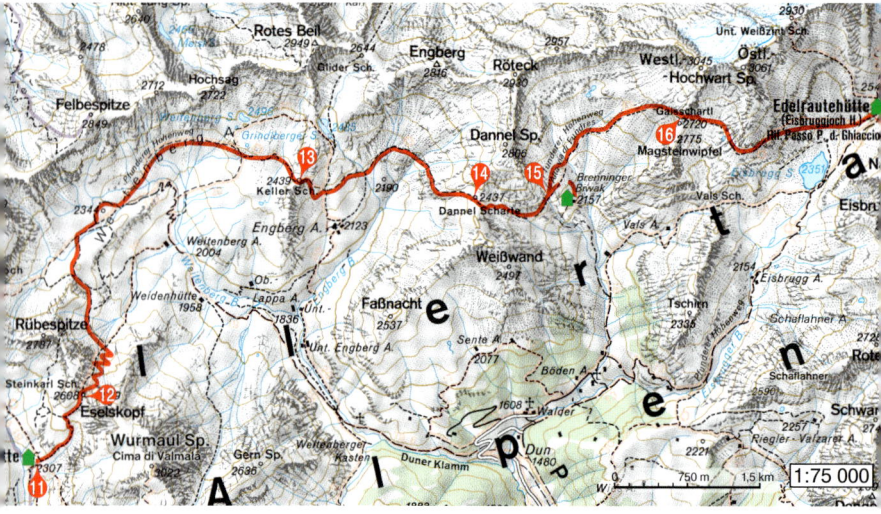

Zillertaler Alpen / Pfunderer Berge

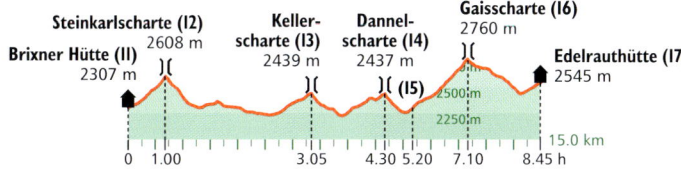

bis in den Sommer hinein Schnee halten. Dann gilt es, Markierungen in den schneefreien Arealen zu erspähen, denen man rechts haltend über den Hang hinabfolgt. Noch vor dem Hangfuß leitet der Pfad ganz nach links zu einer Verzweigung. Der Talweg Richtung Weitenbergalm/Dun macht hier einen Rechtsknick, wir nehmen den linken Weg und queren unter der Rübespitze hindurch nach Norden. Nach einigem Auf und Ab treffen wir auf den Weg 17a. Dem folgen wir nach rechts – aber nur ein Stück, der 17er leitet nämlich bald nach rechts Richtung Dun hinab, während wir durch den Kessel des Muislochs wandern, um dann in die Kellerscharte (13), 2439 m, hinaufzugehen.

Beim folgenden Abstieg treffen wir bald auf die Abzweigung zur Engbergalm, 2123 m (Notunterkunft). Wir queren das Engbergkar und steuern einen großen Steinmann an. Bald geht es in Serpentinen hinauf zur Dannelscharte (14), 2437 m. Beim Abstieg halten wir uns links und queren in ausgesetztem Gelände (teils gesichert) unter der Dannelspitze hindurch. Wer für heute genug hat, geht am Abzweig (15) zum 150 m tiefer gelegenen Brenninger-Biwak, 2157 m, rechts.

Ansonsten steigen wir in ansteigender Querung durchs riesige Weißsteinkar auf einem teils blockigen Steig – im Frühsommer auch über Schneereste – vorsichtig hinauf in die markante Kerbe der Gaisscharte (16), 2760 m (lt. f&b-Karte 2720 m). Von dort hangeln wir uns an Sicherungen durch brüchiges und sehr steiles Gelände behutsam nach Osten hinab.

Mit dem Obervalskar wird ein weiterer Kessel gequert – bis in den Sommer hinein auch über Schneeflecken hinweg. Sobald wir um den östlich begrenzenden Rücken herumgewandert sind, tut sich der Blick auf den Eisbruggsee auf (bei dem ein 3400 Jahre alter Bronzedolch gefunden worden ist). Oberhalb davon queren wir Richtung Nordosten. Nach einem letzten Anstieg ist die komplett neu gebaute Edelrauthütte (17), 2545 m, am Eisbruggjoch erreicht.

Das urige Original: die alte Edelrauthütte am Eisbruggjoch, bewirtschaftet zwischen 1908 und 2015.

Der Eisbruggsee – Blick talaus.

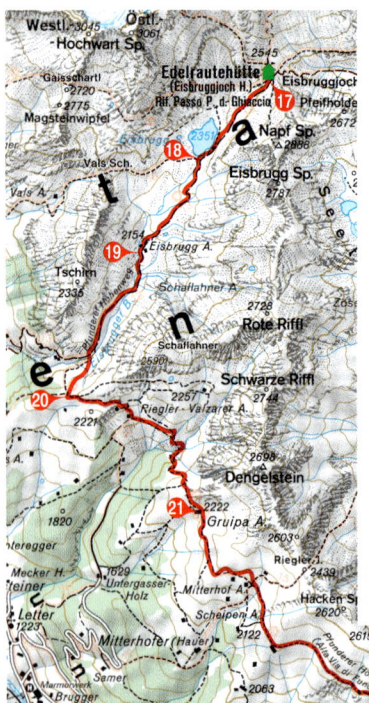

4. Etappe (1000/1220 Hm):

Heute geht's gemütlich los, nämlich bergab: Am Eisbruggsee (18), 2351 m, vorbei schlendern wir zur Eisbruggalm (19), 2154 m. Danach geht es noch ein Stück talaus, dann führt unser Höhenweg nach links über den Bach, 2035 m, und steil hinauf zur Kuhscharte (20), 2249 m. Die folgende Abstiegsroute passiert die Riegleralm. Den Weg ins Tal ignorieren wir.

Der Pfunderer Höhenweg durchquert nun die abschüssige Kerbe des Valzaretbachs. Jenseits schnaufen wir hinauf zur Gruipaalm (21), 2222 m. Ohne größere Höhenunterschiede queren wir anschließend auf schmalem Hangpfad am Gitschschupfen vorbei zur Gampishütte (22), 2223 m, wo man g'schmackige Almkost genießen kann.

Gut gestärkt steigen wir anschließend hinauf ins Passenjoch (23), 2408 m, einem Übergang zwischen dem Pfunderer und dem Mühlwalder Tal. Rechts haltend wandern wir unter der Grubbachspitze ins Kar mit dem Passensee und dem kleineren, höher gelegenen Goldsee. Wir steigen – bis in den Frühsommer über Schneereste – vorsichtig in die Hochsägescharte (24), 2705 m (links des Grubbach-Ostgrats), hinauf. Dahinter geht es durch anfangs nicht besonders stabiles Gelände steil hinab.

Blick von der Hochgrubbachspitze auf die grünen Hänge über dem Pfunderer Tal, durch die der Weg zum Passenjoch (rechts der Bildmitte) führt.

Wer jetzt noch Reserven hat, kann vom Fuß der Steilstufe nach rechts hinauf auf die herrlich aussichtsreiche Hochgrubbachspitze steigen (eine gute Stunde hin und zurück). Ansonsten geht es gleich durchs Kar hinab zur **Tiefrastenhütte (25)**, 2312 m, am gleichnamigen See.

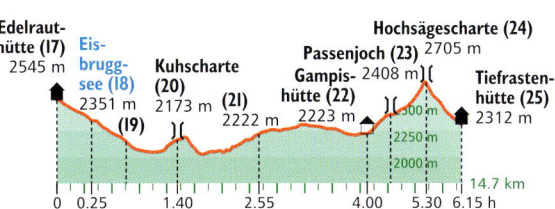

Last but not least: die Tiefrastenhütte in den östlichen Pfunderer Bergen.

Auf dem Höhenrücken zwischen dem Mühlwalder Tal und dem Pustertal. Rechts der Grünbacher See.

5. Etappe (800/2300 Hm):
Zuerst füllen wir unsere Trinkflasche(n) randvoll, auf der langen Kammhöhe kann die Kehle sonst arg trocken werden. Nach kurzem Abstieg auf dem Hüttenweg zweigen wir auf 2040 m (also kurz vor dem Tiefrastenhütterl) links ab. Bald darauf verlassen wir den Weg zur Hofalm nach links, steigen auf das Große Tor zu, queren dann aber darunter vorbei zum **Kleinen Tor (26)**, 2374 m. Durch die Nordflanke des Mutenocks quert der Weg zum **Sattele (27)**, 2312 m. Am Zaun entlang wandern wir zum **Hohen Spitz (28)**, 2410 m, hinauf, der entgegen seinem Namen von eher runder Gestalt ist. Vom nächsten Sattel oberhalb des kleinen Kaltwassersees queren wir knapp unter dem **Zwölferspitz**, 2351 m, vorbei und durch eine weitere Senke auf eine plateauartige Anhöhe. Der Steig bleibt am wieder fallenden Rücken oberhalb des Grünbacher Sees, um dann über etwas felsigeres Gelände

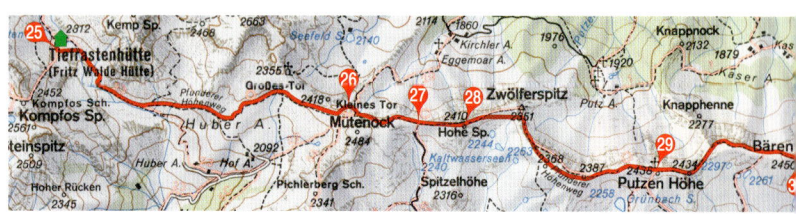

auf die **Putzenhöhe (29)**, 2438 m, zu führen.
Aus dem folgenden Sattel führt ein rauer Steig auf die **Bärentaler Spitze (30)**, 2450 m, und jenseits über steiles Blockgelände wieder hinab. Nach der nächsten Einsattelung geht es wieder etwas hinauf zum **Plattnerspitz (31)**, 2440 m, dann über den Verbindungskamm hinüber zur **Westlichen Bruggerspitze (32)**, 2428 m. Auf dem nach Süden ziehenden Rücken gelangen wir in einen flachen **Sattel**, 2365 m (Ab-

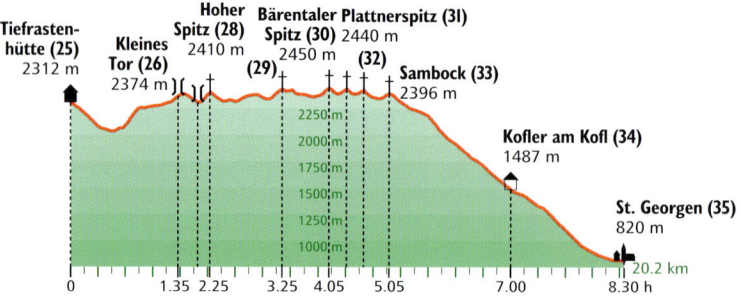

Der Sambock mit seinem scharfen Nordgrat (rechts). Durchs Kar links führt die leichtere Alternativroute.

zweigung der Variante B). Über den felsigen Nordgrat halten wir die Richtung bei. Nach einer luftigen Stelle leiten Trittspuren nach rechts über eine gesicherte Passage hinab. Nach einer etwas exponierten Querung auf der rechten Gratseite geht es leicht nach links hinauf über eine Felsstufe und über grobe Blöcke

zum Gipfel des Sambock (33), 2396 m – ein rassiges Finale auf den letzten Gipfel unserer Tour.

Ab jetzt geht es nur noch bergab, zunächst über den Südrücken auf eine Verebnung (»Auf der Platten«). Dort nicht das unübersehbare Kreuz (2175 m) ansteuern, sondern auf dem Hauptweg klar links davon bleiben. Nach der Jägerhütte, 1962 m (Geigerhütte, mit Brunnen), auf den Stockpfarrer-Wiesen trifft man auf eine Kiesstraße; rechts gegenüber geht es auf schmalem Pfad über eine Feuchtzone in den Wald. Bei der nächsten Kiesstraße kurz links, dann weiter bergab. Immer auf der »Route 66«, erreichen wir mit dem Kofler am Kofl (34), 1487 m (Taxiabholung möglich), eine letzte aussichtsreiche Einkehrmöglichkeit. Beim Weg ins Tal geht man bei der obersten Rechtskehre (bergab gesehen) des Zufahrtssträßchens auf den nach unten abzweigenden Wanderweg, der zur nächsten gleichgerichteten Kehre abkürzt. Nach einem kurzen Stück entlang dem Sträßchen zweigen wir erst bei den Kehrhöfen, 1306 m, nach links ab. Auf dem Weg 66 geht es jetzt (Abzweigungen ignorierend) bergab und an der Mariahilfkapelle vorbei nach Gissbach. Über die Ahr, rechts an der Pfarrkirche St. Georg vorbei und nochmal rechts, gelangen wir über den Kirchweg zur Bushaltestelle in St. Georgen (35), 820 m.

Stichwortverzeichnis

A
Aglsspitze 24
Ahornach 72
Ahrntal 75, 78, 81
Amthorspitze 36
Antermoia 131
Antholz 99, 103
Antholzer See 103
Arnikahütte 152
Arthur-Hartdegen-Weg 88
Aschbach 96
Astjoch 134
Astnerbergalm 62
Auronzohütte 117

B
Bad Ratzes 155
Bad Sieß 162
Barmer Hütte 99
Becherhaus 24
Besinnungsweg 70
Birnlücke 81
Birnlückenhütte 81
Bonner Hütte 110
Brenninger Biwak 177
Brixen 168
Brixner Hütte 42, 177
Bruneck 177

C
Canazei 149
Chemnitzer Hütte 52, 54

D
Dantercëpies 144
Dreifingerspitze 128
Drei Zinnen 116
Drei-Zinnen-Hütte 117
Dun 45
Dürrenstein 120
Dürrensteinhütte 120

E
Edelrauthütte 45, 52, 177
Egetjoch 20
Eidechsspitze 60
Eisbruggjochhütte 45, 52, 177

Emilio-Comici-Hütte 149
Englalm 60
Erdpyramiden 62, 162

F
Fanealm 42
Faneshütte 127
Fenner Eck 99
Fernerköpfl 92
Fischleintal 116
Flaggerschartenhütte 171
Franziskusweg 70
Freienfeld 40
Furkelsattel 128

G
Gadertal 131
Gampishütte 177
Gilfenklamm 34
Gliderferners 48
Gönner Alm 96
Gran Cir 144
Grödner Joch 144, 146
Grödner Poststeig 137
Grödnertal 141, 144, 146, 149
Grödner Tal 137
Grohmannhütte 20, 24
Grünbacher See 67
Gschnitzer Tribulaun 31

H
Hahnspielhütte 113
Hegedex 60
Helm 112
Herrstein 122
Hexenbänke 152
Hochfeiler 48
Hochfeilerhütte 49
Hochgallhütte 88, 92
Hochgrubbachspitze 57
Hochkreuzspitze 106
Hochnall 96
Hoher Spitz 65
Hoher Weißzint 45
Höllenkragen 38
Hornischegg 112

Hühnerspiel 36
Hühnerspielhütte 36
Hundskehljoch 80

K
Kandellen 110
Karnischer Höhenweg 112
Kasern 81
Kasseler Hütte 88, 92
Kassianspitze 165
Kastelruth 152, 155
Kempspitze 57
Klammbachhütte 113
Klausner Hütte 165
Klobenstein 162
Kofler am Kofl 68, 177
Kolfuschg 144, 146
Königsangerspitze 168

L
Labesebenalm 42
Lajen 137
Langental 141
Langkofel 149
Langkofelhütte 149
Latzfons 165
Latzfonser-Kreuz-Hütte 165
Lausitzer Höhenweg 81
Lavaredohütte 117
Lavarellahütte 127
Lenkstein 84
Limojoch 126
Limosee 126
Lüsen 131, 135

M
Magdeburger Hütte 28
Maiern 20, 24
Maurerberg 131
Maurerberghütte 131
Mittewald 171
Moarhofalm 65
Moosstock 72
Möseler, Großer 54
Mühlbach 42
Mühlwalder Tal 52, 54
Munt de Mür 131

Rother Touren App

Holen Sie sich unsere Wanderführer als App!

So funktioniert es:

➜ Kostenlose Rother App vom App Store bzw. Google Play Store laden

➜ Bis zu fünf vollwertige Beispieltouren aus jedem verfügbaren Guide unbegrenzt testen

➜ Bequem direkt aus der Rother App oder über e-shop.rother.de (hier nur für Android) den gewünschten Guide komplett erwerben*

* je nach Guide 5,49-9,99 €

www.rother.de/app

N
Napfspitze 45
Nasen 96
Neveser Höhenweg 52
Nevesstausee 52, 54
Niedervintl 45
O
Oberhauserhütte 135
Oberseehütte 99
Oberwielenbach 96
Olang 128
P
Pareispitze 127
Paternsattel 116
Pecolhütte 131
Pederühütte 127
Penser Joch 174
Petz 158
Pfalzen 68
Pfitschtal 38, 48
Pflerschtal 28, 31
Pfunders 45
Pisciadùhütte 146
Pisciadùspitze 146
Piz da Peres 128
Plätzwiese 120
Plätzwiesenhütte 120
Poschhaus 20
Pra da Ri 142
Pragser Wildsee 122
Prettau 75, 78
Proßliner Schwaige 155
Puezhütte 141
Puezkofel 141
Puflatsch 152
Putzenhöhe 65
R
Radlseehütte 168
Rammelstein 96
Ratschingstal 34
Rauchkofel 78
Reifenegg 34
Rein 84, 88, 92
Reinbachfälle 70
Ridnauntal 20, 24, 34
Riedbergalm 36
Riepenscharte 99
Riepenspitze 106

Rieserferner 88
Rieserfernerhütte 92
Ritten 162
Rodeneck 135
Ronerhütte 135
Roßkopf, Großer 122
Rote Wand 103
S
Säge, Jausenstation 84, 88
Saltnerhütte 155
Sambock 68
Sand in Taufers 70, 72, 92
Schlern 158
Schlernbödelehütte 155
Schlernhäuser 155, 158
Schmieden 120, 122
Seis 152, 155
Seiser Alm 155
Sella 146
Sellajoch(-haus) 149
Sengesspitze 40
Sengestal 40
Sesselschwaige 158
Sexten 113, 117
Sieben-Seen-Runde 20
Sillianer Hütte 113
Simile-Mahd-Alm 40, 177
Spitzbühel 155
Staller Sattel 99, 103
Stange 34
St. Anton 28, 31
Starkenfeldhütte 135
Steinzger (Montal-) Alm 103
Sterzing 34, 36, 38, 40, 177
St. Georgen 177
St. Jakob in Pfitsch 48
St. Magdalena in Gsies 106
St. Martin in Thurn 131
St. Peter 137
St. Ulrich 137
Stumpfalm 106
St. Vigil in Enneberg 127, 128

T
Tagewaldhorn 170
Talschlusshütte (Gsies) 106
Talschlusshütte (Sexten) 117
Tatschspitz(e) 174
Tauferer Tal 70, 72, 92
Teplitzer Hütte 24
Terenten 57, 60, 62
Tiefrastenhütte 57, 177
Toblacher Pfannhorn 110
Toblburg-Ruine 70
Toni-Demetz-Hütte 149
Tribulaune 31
Tribulaunhaus 31
Tribulaunhütte 31
Tschierspitze, Große 144
Tschöfas 137
Tuffalm 158
Tulfer 38
U
Ücia Picio Pré 128
Unterpulghütte 137
Uwaldalm 106
V
Vals 42
Vintl 45
Völs 158
W
Waldner Alm 75, 78
Waldner See 75
Weißspitze 36
Weißwandspitze 28
Wiesen 177
Wilde Kreuzspitze 42
Wilder See 42
Winnebachtal 57
Wolkenstein 141, 144, 146, 149
Wurmaulspitze 43
Würzjoch 131
Z
Zsigmondy-Comici-Hütte 117
Zumis, Parkplatz 135
Zwölferspitz 65

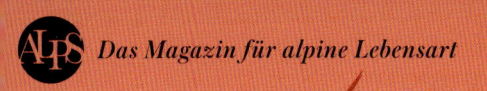 *Das Magazin für alpine Lebensart*

*Abenteuer Alpen –
Jetzt entdecken!*

**22 EURO
FÜR EIN JAHR ALPS**

bestellen unter:
+49/22 25/70 85378 oder
online: www.alps-magazine.com

Impressum

Titelbild:
Rast auf einem der Hauptdolomit-»Klötze« auf dem Schlernplateau (Tour 47). Im Hintergrund die Zillertaler Alpen mit ihren höchsten Gipfeln (Hochfeiler, Tour 11, und Großer Möseler, Tour 13).

Bild Seite 1:
In den Sextener Dolomiten: der Paternkofel (links) und die Drei Zinnen im letzten Abendlicht – gesehen von der Drei-Zinnen-Hütte (Tour 33).

Die Fotos sind von Gerhard Hirtlreiter, ausgenommen das Bild Seite 75 oben (Primus Wecker).

Der Autor:
Dr. Gerhard Hirtlreiter ist seit früher Jugend als Wanderer und Bergsteiger in Südtirol unterwegs. Er hat in München und Innsbruck Geografie studiert. Beim Bergverlag Rother sind von ihm u. a. das Wanderbuch »Südtirol West – mit Meraner Höhenweg« sowie die Wanderführer »Bozen – Kaltern«, »Antholz – Gsies« und »Osttirol Nord« erschienen.

Kartografie:
Wanderkarten im Maßstab 1:50.000 bei den Touren 1–52,
Wanderkarten im Maßstab 1:75.000 bei Tour 53,
Übersichtskarte 1:500.000 (hintere Buchklappe innen)
© Freytag & Berndt, Wien

4., aktualisierte Auflage 2019
© Bergverlag Rother GmbH · München
Alle Rechte vorbehalten
ISBN 978-3-7633-3024-9

Liebe Bergfreunde!
Alle Angaben dieses Buches wurden vom Autor nach bestem Wissen recherchiert und vom Verlag mit größtmöglicher Sorgfalt überprüft. Für die Richtigkeit der Angaben kann jedoch – soweit gesetzlich zulässig – keine Haftung übernommen werden.
Wir bitten dafür um Verständnis und freuen uns über jede Anregung und Berichtigung zu diesem Rother Wanderbuch:

Bergverlag Rother · Keltenring 17 · D-82041 Oberhaching
Tel. (089) 60 86 69-0 · Fax 60 86 69 69
E-Mail: leserzuschrift@rother.de
Besuchen Sie uns im Internet: www.rother.de